아빠가 축복하는

물맷돌 기도

아빠가 축복하는
물맷돌 기도

초판 1쇄 ㅣ 2020년 4월 30일

지은이 ㅣ 강병구
펴낸이 ㅣ 이규종
펴낸곳 ㅣ 사무엘출판사
주소 ㅣ 서울시 마포구 토정로222 한국출판콘텐츠센터 422-3
전화 ㅣ 02-6401-7004
팩스 ㅣ 02-323-6416
출판등록 ㅣ 제21-2006-000151호(2006년 7월 22일)

ISBN 978-89-961257-3-0 (02230)

값 6,800원

사랑하는 자녀를 위한 기도문

아빠가 축복하는

물맷돌 기도

강병구 지음

사무엘출판사

부모들이 자녀들을 위해 해줄 수 있는 것은 무엇일까요? 많은 유산을 남기는 것일까요? 아닙니다. 많은 돈은 자녀를 망하게 할 수도 있습니다. 우리 부모들의 최선은 바로 자녀들을 향한 중보기도입니다. 기도로서 예수 그리스도의 참된 제자가 되게 하는 것입니다.

하나님과의 관계가 깊어지는 것만이 만사형통하는 길이요, 축복의 삶입니다. 뿌리 깊은 나무가 흔들림이 없다는 말이 있듯이 하나님과 깊은 관계를 통해서만 이 험한 세상을 이겨낼 수 있습니다. 자녀들을 향한 중보기도는 개인의 가정뿐만이 아니라 우리나라와 우리 민족을 살리는 길이기도 합니다.

이 책에 나오는 기도문들은 단순히 복 받고 잘 먹고 잘사는 것을 구한 것이 아니라, 하나님의 나라와 의를 구하는 기도문입니다.

이 책을 통하여 우리가 모두 기도에 응답하시는 하나님의 능력을 체험하길 원합니다.

차 례

학교생활을 위한 기도

일상생활을 위한 기도

내면을 위한 기도

학교생활을
위한
기도

1. 낯선 환경들을 두려워 말게 도와주소서
2. 진로를 잘 발견하게 도와주소서
3. 창조주 하나님이 주시는 창의력을 가지고 살게
   하소서
4. 폭력과 사고로부터 자녀들을 지켜주소서
5. 모든 억압으로부터 자유케 하소서
6. 많은 숙제의 짐에서 벗어나게 하소서
7. 더불어 함께 살아가게 하소서
8. 그리스도를 향한 열정을 허락하소서
9. 아름다운 이성교제를 허락하소서
10. 주안에서 행복하게 하소서

1 낯선 환경들을
두려워 말게 도와주소서

참된 용기는 약한 마음과 저돌성의 중간 영역에 있다. ―세르반테스―

희망과 용기를 주는 것은 금전을 주는 것보다 더 좋은 것이다. ―라보끄―

내가 네게 명령한 것이 아니냐 강하고 담대하라 두려워하지 말며 놀라지 말라 네가 어디로 가든지 네 하나님 여호와가 너와 함께 하느니라 하시니라 (여호수아 1:9)

이것을 너희에게 이르는 것은 너희로 내 안에서 평안을 누리게 하려 함이라 세상에서는 너희가 환난을 당하나 담대하라 내가 세상을 이기었노라 (요한복음 16:33)

"I have told you these things, so that in me you may have peace. In this world you will have trouble. But take heart! I have overcome the world." (John 16:33)

반석 되신 하나님, 우리의 자녀가 벌써 학교에 다닐 나이가 되었습니다. 그동안 잘 돌보아주셔서 감사드립니다. 유치원과는 또 다른 환경을 맞이하였습니다. 낯선 선생님과 친구들 그리고 한 단계 높은 공부를 해야만 하니 얼마나 어렵고 스트레스가 많겠습니까. 하지만 배가 항구에만 머물 수 없듯이 우리의 자녀들도 부모의 품 안에서만 있을 수는 없겠지요. 비록 새로운 환경이 힘들다 할지라도 하나님께서 함께 해주시면 능히 어려움을 이겨낼 줄 믿습니다. 우리의 자녀들과 늘 함께하여 주시고 처음 겪는 상황들을 두려워 말게 도와주소서. 어떤 상황 속에서도 주님을 의지하길 원합니다.

하나님, 이젠 엄마 아빠보다 친구랑 놀기가 더 좋아지는 시기인 것 같습니다. 우리 자녀가 좋은 친구를 원하기보다 먼저 좋은 친구가 될 수 있도록 도와주소서. 작은 거라도 나눌 줄 아는 자가 되게 하시고, 먼저 웃으며 다가갈 수 있는 자가 되게 하소서. 이젠 친구 관계로 상처를 주기도 하고 때론 받기도 할텐데 그 모든 과정을 잘 이겨낼 수 있는 용기와 지혜를 허락해 주소서. 다윗과 요나단과 같은 만남과 우정을 허락하여 주소서. 서로 왕따를 시키거나 당하는 일이 없도록 성령님, 사랑으로 역사하여 주소서. 우리 자녀들이 친구들과 재미있게 뛰어놀며 주님이 주시는 기쁨으로 가득하게 하소서. 언제 어디서나 임마누엘 주님과 함께하길 원합니다. 우리의 친구가 되어주신 예수님의 이름으로 기도드립니다.

아멘.

2 진로를 잘 발견하게
도와주소서

반드시 이겨야 하는 건 아니지만 진실할 필요는
있다. 반드시 성공해야 하는 건 아니지만, 소신을
가지고 살아야 할 필요는 있다. -링컨-

승자의 주머니 속에는 꿈이 있고, 패자의 주머니
속에는 욕심이 있다. -탈무드-

나의 가는 길을 오직 그가 아시나니 그가 나를 단
련하신 후에는 내가 정금 같이 나오리라 (욥기
23:10)

너는 마음을 다하여 여호와를 신뢰하고 네 명철을
의지하지 말라 너는 범사에 그를 인정하라 그리하
면 네 길을 지도하시리라 (잠언 3:5, 6)

Trust in the LORD with all your heart and lean
not on your own understanding;
 in all your ways acknowledge him, and he will
make your paths straight. (Proverbs 3:5, 6)

인도자 되신 하나님, 우린 일을 하면서 살아야 합니다. 하지만 우린 정작 무엇을 좋아하는지 혹은 무엇을 잘하는지를 모른 채 살아가는 경우가 많습니다. 우리의 자녀들에게 주님께서 내려주신 은사가 각각 있을 줄 압니다. 그 재능들을 발견하게 하시고 그것을 잘 펼쳐나갈 수 있도록 도와주소서. 자기가 좋아하는 일을 하며 산다는 게 얼마나 행복한 일인지요. 돈을 많이 번다고 하더라도 그저 먹고 살기 위해서 억지로 하는 일이라면 불행하지 않을 수 없습니다. 그런 일을 겪지 않도록 도와주소서. 남에게 유익을 끼치며 보람된 일을 하길 원합니다. 우리 자녀들의 길을 주님께서 친히 인도하여 주소서.

하나님, 진로를 잘 발견하기 위해선 선생님의 말씀을 잘 들어야 할 것입니다. 하지만 요즘은 선생님께 함부로 하는 아이들이 많습니다. 우리의 잘못을 용서하여 주소서. 항상 선생님께 순종하는 생활을 하게 도와주소서. 수업 시간에 선생님의 눈을 바라보며 집중해서 공부하게 도와주시고, 선생님과 소통도 잘할 수 있도록 도와주소서. 물론 세상에 완벽한 선생님은 주님뿐이십니다. 인간은 부족하고 선생의 자격이 없습니다. 그럼에도 불구하고 하나님께서 선생으로 세워주셨으니 그들을 통해 우리 자녀들이 꼭 배워야 할 것들을 놓치지 않게 해주소서. 우리의 참 스승 되신 예수님의 이름으로 기도드립니다.

아멘.

3 창조주 하나님이 주시는 창의력을 가지고 살게 하소서

상상은 창조의 시작이다. 소원하는 것을 상상한 후 그 상상을 소원하자 마침내는 상상한 것이 창조하게 된다. −조지 버나드 쇼−

창의력과 사물을 연결하는 것은 어렵지만 시간이 지나면 가능해진다. −스티브 잡스−

나는 빛도 짓고 어둠도 창조하며 나는 평안도 짓고 환난도 창조하나니 나는 여호와라 이 모든 일들을 행하는 자니라 하였노라 (이사야 45:7)

태초에 말씀이 계시니라 이 말씀이 하나님과 함께 계셨으니 이 말씀은 곧 하나님이시니라 (요한복음 1:1)
태초에 하나님이 천지를 창조하시니라 (창세기 1:1)
In the beginning God created the heavens and the earth. (Genesis 1:1)

위대하신 하나님, 세상엔 많은 지식들이 있습니다. 하지만 하나님을 떠난 지식이 무슨 의미가 있겠습니까. 자신을 나타내기 위한 도구가 될 뿐입니다. 하오니 하나님을 경외하는 자가 되게 하소서. 하나님이 주시는 지식을 얻길 원합니다. 하나님에 대해 깊이 있게 알아가길 원합니다. 세상이 주는 고정관념에 갇혀 살지 않게 하시고 창조주 하나님이 주시는 창의력을 가지고 살게 하소서. 자신의 지식을 자랑하지 말게 하시고 남을 도와주고 섬기는데 그 지식이 쓰이게 하소서. 공부하기 전에 성경책을 먼저 읽을 줄 아는 자가 되게 하시고 기도할 줄 아는 자가 되게 하소서.

하나님, 대한민국 아이들은 어릴 때부터 학원에 다닙니다. 유별난 엄마들은 성적을 올리기 위해 고액과외를 여러 군데 보내기도 합니다. 이런 아이들을 불쌍히 여겨주소서. 우리 어른부터 성적이 좋아야 성공할 수 있다는 편견을 버리게 해주시고 하나님을 경외하는 마음을 갖게 하소서. 아이들에게 하나님을 경외하는 신앙의 유산을 물려주게 하시고 그 유산을 물려받은 아이들은 하나님이 주신 지혜와 능력으로 세상에서 빛을 발하게 하소서. 눈에 보이는 성공만이 아니라 눈에 보이지 않는 믿음을 따라가게 하소서. 주님께서 우리의 자녀들에게 언제나 말씀하여 주시고 그 말씀을 듣고 살아가는 아이들이 되게 하소서. 예수님의 이름으로 기도드립니다.

아멘.

4 폭력과 사고로부터
자녀들을 지켜주소서

얕은 내도 깊게 건너는 것이 좋다. -속담-

나를 눈동자 같이 지키시고 주의 날개 그늘 아래에 감추사 내 앞에서 나를 압제하는 악인들과 나의 목숨을 노리는 원수들에게서 벗어나게 하소서 (시편 17:8, 9)

대저 그는 정의의 길을 보호하시며 그의 성도들의 길을 보전하려 하심이니라 (잠언 2:8)
주는 미쁘사 너희를 굳건하게 하시고 악한 자에게서 지키시리라 (데살로니가후서 3:3)
But the Lord is faithful, and he will strengthen and protect you from the evil one. (2 Thessalonians 3:3)

평화의 하나님, 아이들이 가지고 노는 장난감에 왜 이리 무기가 많은지요? 게임 속의 살인은 또 어떠한지요? 자녀들의 일상에 침투한 폭력과 전쟁과 살인을 거두어 주소서. 아무렇지 않게 하는 이런 놀이들이 얼마나 위험하고 악한지 알게 하시고, 말이나 행동에 있어 그리스도의 평화를 만들어내는 삶을 살 수 있도록 도와주소서. 실제로 어른들의 전쟁이나 폭력으로 고통받는 자녀들이 너무나 많습니다. 전쟁난민으로 길에서 자며 영양실조와 각종 질병에 노출되어 있습니다. 그런 상황 속에서 성폭력까지 당하는 자녀들도 있습니다. 우리를 불쌍히 여겨 주시고 우리의 자녀들을 그런 악으로부터 보호하여 주소서. 칼과 총 대신 그리스도의 평화와 사랑을 붙잡고 살아가는 주의 자녀들이 되게 하소서.

하나님, 학교에서 전화가 오면 겁부터 납니다. 혹시 무슨 사고라도 당한 건 아닌가하고 말입니다. 우리 아이들의 행동을 조심하게 하시고 모든 시간마다 하나님께서 친히 보호하여 주소서. 수학여행이나 견학 또는 소풍을 갈 때도 늘 지켜주소서. 뉴스의 각종 사건·사고를 보면 알 수 있듯이 이 사회의 안전 불감증으로 어린 생명들이 죽는 경우를 많이 보게 됩니다. 이 땅에 다시는 이런 일이 발생하지 않도록 도와주시고 이제부터라도 위기 상황을 잘 대처할 수 있는 지혜를 우리 모두에게 허락하여 주소서. 우리 자녀들의 머리카락 하나라도 상하지 않도록 지켜주소서. 혹시라도 사고로 인한 트라우마가 있다면 치유되게 하시고 어린 날의 아름다운 추억으로 가득 차게 하소서. 아이들을 사랑하신 예수님의 이름으로 기도드립니다.

아멘.

5 모든 억압으로부터 자유케 하소서

진정한 자유는 지성적이다. 진짜 자유는 훈련된 사랑 능력 속에 깃든다. ―철학자, 듀이―

봄이 무엇인지는 겨울이 되어야 알 수 있다. 감옥에 있음으로써 비로소 자유의 가치를 안다. ―독일의 시인, 하이네―

형제들아 너희가 자유를 위하여 부르심을 입었으나 그러나 그 자유로 육체의 기회를 삼지 말고 오직 사랑으로 서로 종노릇 하라 (갈라디아서 5:13)
주는 영이시니 주의 영이 계신 곳에는 자유함이 있느니라 (고린도후서 3:17)
Now the Lord is the Spirit, and where the Spirit of the Lord is, there is freedom.
2 Corinthians 3:17

인도자 되시는 하나님, 학교 주변에도 차가 너무 많습니다. 그리고 아이들을 납치하는 범죄도 종종 일어납니다. 길 위에 있는 우리 자녀들을 보호해 주소서. 길을 걸으며 친구들과 재미있게 이야기도 하고 달리기를 하거나 자전거도 탈 수 있게 하소서. 단순히 위험한 장소가 아닌 자연을 배우고 인간의 삶을 배울 수 있는 공부의 장이 되게 하소서. 무엇보다 친구들과 신나게 놀아도 다치지 않는 길이 되게 하소서. 이 세상 모든 차가 없어졌으면 좋겠지만 현실은 그러지 못하니 학교 근처에서만이라도 안전운전을 할 수 있는 어른들이 되게 하소서.

하나님, 우리는 무언가에 갇혀 살아가는 것 같습니다. 학생들은 성적에, 청년들은 직장에 말입니다. 이 모든 것을 벗어나 주안에서 자유롭게 살아갈 순 없을까요? 학생들은 문제집을 잘 풀어야 학생답고, 청년들은 취직해야 청년답다고 사람들은 생각합니다. 하지만 행복하지 않은데 좋은 대학과 직장이 무슨 소용이 있을까요? 하나님 나라를 꿈꾸고 희망하는 아이들이 되기를 원합니다. 하루하루 '자유롭고 멋진 삶을 살았어.'라고 고백할 수 있는 아이들이 되기를 원합니다. 아이들을 시험성적으로만 따지는 악행이 하루빨리 사라졌으면 좋겠습니다. 세상의 모든 아이는 뭘 이뤄내지 못해도 그 자체만으로 아름답고 멋지다는 걸 알길 원합니다. 감옥 같은 세상의 모든 억압을 벗어나 새들과 꽃들을 느낄 수 있는 자유로운 영혼들이 많아졌으면 좋겠습니다. 우리에게 참 자유를 주신 예수님의 이름으로 기도드립니다.

아멘.

6 많은 숙제의 짐에서 벗어나게 하소서

자식 키우기란 삶의 기술을 자녀들에게 전수하는
것이다. -일레인 헤프너-

나는 학교가 나의 교육을 방해하는 것을 그대로
두고 볼 수 없다. -마크 트웨인-

여호와를 경외함이 지혜의 근본이라 그의 계명을
지키는 자는 다 훌륭한 지각을 가진 자이니 여호와
를 찬양함이 영원히 계속되리로다 (시편 111:10)

여호와를 경외하는 것이 지혜의 근본이요 거룩하신
자를 아는 것이 명철이니라 (잠언 9:10)
The fear of the LORD is the beginning of
wisdom, and knowledge of the Holy One is
understanding. (Proverbs 9:10)

우리를 돌보아주시는 하나님, 초등학생인데도
불구하고 숙제가 너무 많고 어렵습니다. 부모

가 느끼기에도 부담이 되는데 아이들은 어떻겠습니까. 아이들이 가진 짐들을 모두 하나님께 맡기길 원합니다. 숙제 때문에 피곤해하는 일이 없게 하시고 숙제로 인해 선생님께 혼날까 걱정하는 일도 없게 하소서. 무엇보다 하나님이 원하시는 가르침이 일어나길 원합니다. 선생님 한명 한명이 하나님의 진리에 대해 깨닫길 원합니다. 하나님을 사랑하고 이웃을 사랑하라는 교육이 되길 소망합니다. 완벽한 사람이 되기는 어렵지만 그런 공부를 하기 위해 노력하는 아이들이 되길 원합니다.

하나님, 예수님을 사랑하는 아이들이 되기를 원합니다. 예수님께서 우리의 미래를 책임져 주시며, 우리에게 가장 좋은 것을 주실 줄 믿습니다. 그 믿음이 가장 가치 있고 고귀한 것임을 고백합니다. 주님께서 우리 자녀들의 마음과 생각을 지켜주소서. 우리 자녀들이 하나님에 대해 깊이 있게 알아갈 수 있도록 도와주소서. 현대인들은 돈과 권력을 믿지만, 그것만큼 불안하고 헛된 것이 없습니다. 그리고 금방 사라져버리는 것들입니다. 우리 자녀들은 길이고 진리며 생명이신 예수 그리스도만을 믿게 하소서. 우리에게 참된 믿음을 보여주신 예수님의 이름으로 기도드립니다.

아멘.

7 더불어 함께 살아가게 하소서

평소 당신과 동행하는 이웃의 길 위에 한 송이 꽃을 뿌려 놓을 줄 안다면 그 길은 기쁨으로 가득 찰 것이다. -R. 잉글레제-

자기 자신을 개조하는 사람은 자기의 이웃이 개조되도록 공헌하는 사람이다. -노만 더글라스-

이웃을 업신여기는 자는 죄를 범하는 자요 빈곤한 자를 불쌍히 여기는 자는 복이 있는 자니라 (잠언 14:21)

둘째는 이것이니 네 이웃을 네 자신과 같이 사랑하라 하신 것이라 이보다 더 큰 계명이 없느니라 (마가복음 12:31)

The second is this: 'Love your neighbor as yourself.'There is no commandment greater than these." (Mark 12:31)

전능하신 하나님, 이 세상은 경쟁을 최고의 가치로 두고 있습니다. 심지어 초등학교 아이들조차 노트필기를 빌려주지 않는다고 합니다. 이렇게 상대방을 경계하는 환경 속에서 자란 아이들이 어른이 되면 어떻게 이 세상을 살아갈지 안타까운 마음입니다. 지금부터라도 경쟁이 아닌 협동의 정신을 배우며 살아가게 하소서. 남을 돕는 것이 자신을 돕는 것이고, 남을 짓밟는 것이 자신을 짓밟는 것임을 알게 하소서. 얼마 전 운동회에서 달리기를 잘 못하는 친구의 손을 잡고 다 같이 뛰어가는 아름다운 모습을 봤습니다. 이처럼 일등도 꼴찌도 없는 모두가 소중히 여김을 받는 세상이 되게 하소서.

하나님, 아이들은 주로 남에게 뒤처지는 걸 걱정하고 있습니다. 하지만 44억 아시아 인구 가운데 무려 3분의 2가 절대빈곤으로 고통받으며 살고 있다는 걸 기억하게 하소서. 이 사람들

의 고통을 내 고통으로 느끼며 살아가게 하소
서. 그리고 이들을 위해 구체적으로 어떻게 봉
사할 수 있을 것인지를 고민하게 하소서. 나 자
신의 고민에만 빠지지 말게 하시고 이웃과 자
연과 세상을 생각할 줄 아는 자녀들이 되게 하
소서. 하늘 영광 버리시고 우리와 함께 사신 예
수님의 이름으로 기도드립니다.

아멘.

8 그리스도를 향한
열정을 허락하소서

가벼운 일상을 우습게 여기지 마십시오. 그것은 인생의 중요한 일들처럼 주님이 정해 놓으신 것입니다. -오스왈드 챔버스-

신자는 하나님이 자신을 위하신다는 확신을 가질 때 영적 능력을 얻는다. -브라이언 채플-

내가 그리스도와 함께 십자가에 못 박혔나니 그런즉 이제는 내가 사는 것이 아니요 오직 내 안에 그리스도께서 사시는 것이라 이제 내가 육체 가운데 사는 것은 나를 사랑하사 나를 위하여 자기 자신을 버리신 하나님의 아들을 믿는 믿음 안에서 사는 것이라 (갈라디아서 2:20)
I have been crucified with Christ and I no longer live, but Christ lives in me. The life I live in the body, I live by faith in the Son of God, who loved me and gave himself for me. (Galatians 2:20)

만왕의 왕이신 하나님, 하루살이는 비록 하루 밖에 못살지만 얼마나 열심히 날아다니고 사랑하고 알을 낳는지요. 죽으면 모든 수고와 노동에서 해방되겠지만 살아있다면 누구나 고생을 하기 마련입니다. 그런데 요즘 아이들은 공부 때문에 스트레스를 받아서 그런지 생기도 없고 눈빛도 식었고 열정도 없을 때가 많습니다. 그저 편하게 사는 게 삶의 목표입니다. 우리 자녀들에게 그리스도를 향한 열정을 허락하여 주소서. 어느 분야든 최선을 다해 일하는 자녀들이 되게 하시고 그들이 흘리는 땀 방울을 높게 평가하는 사회가 되게 하소서.

하나님, 우리나라는 자살률 세계 1위입니다. 청소년 자살률도 1위라고 합니다. 청소년들은 성적이나 진학 문제 또는 가정불화나 왕따로 인해 자살합니다. 우리를 불쌍히 여겨주소서. 대통령의 삶이나 청소부의 삶이나 하나님이 보시기엔 모두 아름답고 귀할 줄 압니다. 모든 생명은 다 창조주의 것이기 때문입니다. 하오니 우리 자녀들의 마음속에 좌절이나 낙심이 사라지게 하시고 희망과 기쁨으로 가득 차게 하소서. 우리를 구원하시기 위해 십자가 위에서 피와 땀을 흘리신 예수님의 이름으로 기도드립니다.

아멘.

9 아름다운 이성 교제를 허락하소서

고상한 남성은 고상한 여자의 충고에 의해 더욱 고상해진다. —괴테—

아내의 덕행은 친절히 보고 아내의 잘못은 못 본 척하라. —브라이언트—

이러므로 남자가 부모를 떠나 그의 아내와 합하여 둘이 한 몸을 이룰지로다 (창세기 2:24)

그러나 주 안에는 남자 없이 여자만 있지 않고 여자 없이 남자만 있지 아니하니라 (고린도전서 11:11)
 In the Lord, however, woman is not independent of man, nor is man independent of woman. (1 Corinthians 11:11

사랑의 하나님, 요즘은 초등학교 고학년만 되어도 이성 교제를 한다고 합니다. 우리 자녀들이 이성을 볼 때 외모만을 보지 않게 하시고 고

매한 인격을 더 중요시하게 하소서. 남의 허물을 덮어주고 용서할 줄 아는 사람, 자기가 한 말은 꼭 지키는 사람, 부모로부터 정서적으로 물질적으로 독립한 사람, 힘든 일이 있어도 웃을 줄 아는 사람, 책을 가까이하는 사람, 한결같은 사람, 가치관이 뚜렷한 사람, 이웃을 생각할 줄 아는 사람, 용기 있는 사람 그리고 무엇보다 하나님을 경외하는 사람이 되게 하소서. 그리하여 좋은 만남의 축복을 허락하여 주소서. 함께 기도하고 찬양할 수 있는 이성을 만나게 하소서. 우리 자녀들이 성숙한 내면을 가져 아름다운 사랑을 나누게 하소서.

하나님, 사람들은 죽기 전에 꿈꾸던 바를 실천하지 못한 것에 대해 가장 후회한다고 합니다. 후회하는 일이 없도록 최선을 다해 공부하고 사랑하고 봉사하는 삶을 살게 하소서. 영혼의 눈을 밝게 하시어 세상의 기준으로 사람을 판단하지 말게 하시고 예수 그리스도의 복음에 집중하며 살게 하소서. 베드로처럼 결혼을 하든지 바울처럼 독신으로 살든지 어떠한 삶의 자리에 있다할지라도 예수 부활의 증인이 되게 하소서. 자신의 길을 끝까지 걸어가신 예수님의 이름으로 기도드립니다.

아멘.

10 주 안에서 행복하게 하소서

하나님의 평화는 하나님을 향한 마음속 깊은 신뢰다. -레잇 앤더슨-

우리에게 삶을 위한 공식이나 안내 책자는 없다. 오직 예수님만 있을 뿐이다. -댄 바우만-

기쁨으로 여호와를 섬기며 노래하면서 그의 앞에 나아갈지어다 (시편 100:2)

내가 이것을 너희에게 이름은 내 기쁨이 너희 안에 있어 너희 기쁨을 충만하게 하려 함이라 (요한복음 15:11)

I have told you this so that my joy may be in you and that your joy may be complete. (John 15:11)

높으신 하나님, 이 사회는 아이들에게 좋은 대학을 삶의 목표로 가르치고 있습니다. 우리 자녀들이 입시 지옥에서 벗어나 주안에서 행복한 삶을 살길 원합니다. 하나님이 창조하신 이 세계를 누리며 마음껏 하나님을 찬양하는 아이들이 되게 하소서.) 하나님 없이 잘되면 잘될수록 그것이 오히려 진정한 실패의 길임을 알게 하소서. 비록 고난이 온다 할지라도 하나님과 동행하며 하나님께 순종하는 삶이 참으로 행복한 삶임을 알게 하소서. 재물에 종속되지 않고 주님의 날개 안에 거하며 주님께 사랑을 고백하는 자녀들이 되게 하소서.

하나님, 우리 자녀들이 건강하게 자기를 표현할 줄 알길 원합니다. 답답하고 괴로운 마음을 억누르다가 우울증이나 자살 같은 왜곡된 자기표현을 하지 않게 하시고, 글이나 운동 같은 건강한 자기표현을 익힐 수 있도록 도와주소서. 자기의 속마음을 글이나 창조적인 예술행위로 표현하여 마음이 홀가분해지고 새 힘을 얻을 수 있게 하소서. 어렵고 힘든 일이 있다 할지라도 하나님의 말씀에 순종하게 하소서. 내 뜻과 생각을 기도하기보다 하나님의 뜻에 귀 기울이게 하소서. 진정한 의미에서 행복한 삶을 사신 예수님의 이름으로 기도드립니다.

아멘.

일상생활을
위한
기도

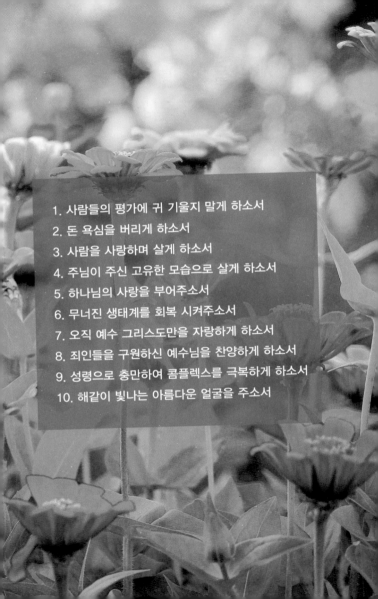

1. 사람들의 평가에 귀 기울지 말게 하소서
2. 돈 욕심을 버리게 하소서
3. 사람을 사랑하며 살게 하소서
4. 주님이 주신 고유한 모습으로 살게 하소서
5. 하나님의 사랑을 부어주소서
6. 무너진 생태계를 회복 시켜주소서
7. 오직 예수 그리스도만을 자랑하게 하소서
8. 죄인들을 구원하신 예수님을 찬양하게 하소서
9. 성령으로 충만하여 콤플렉스를 극복하게 하소서
10. 해같이 빛나는 아름다운 얼굴을 주소서

1 사람들의 평가에
귀 기울지 말게 하소서

우리가 정복하려는 것은 산이 아니다. 우리 자신
이다. —에드먼드 힐러리(에베레스트 최초 정복자)—

용기 있는 인간은 자기 자신에 대하여는 맨 나중
에 생각하는 자이다. —셀러—

우리가 환난 당하는 것도 너희가 위로와 구원을 받
게 하려는 것이요 우리가 위로를 받는 것도 너희가
위로를 받게 하려는 것이니 이 위로가 너희 속에
역사하여 우리가 받는 것 같은 고난을 너희도 견디
게 하느니라 (고린도후서 1:6)

영접하는 자 곧 그 이름을 믿는 자들에게는 하나님
의 자녀가 되는 권세를 주셨으니 (요한복음 1:12)
Yet to all who received him, to those who
believed in his name, he gave the right to
become children of God (John 1:12)

소망의 하나님, SNS를 많이 하는 학생들은 쉽게 절망감에 빠진다고 합니다. 친구의 예쁜 얼굴이나 좋은 곳에 살고 있는 모습을 보며 부러워합니다. 그래서 초라한 자신의 모습에 낙심합니다. 우리 자녀들을 비교의식에서 구하여 주소서. 우리가 부러워하는 그 모습에 구원이 없다는 걸 깨닫게 하시고 참 생명 되신 예수님을 바라보게 하소서. 우리를 창조하신 하나님을 기억하며 마음이 흔들리지 않게 하시고 자기 연민에도 빠지지 않게 하소서. 부디 외부의 평가에 귀 기울이지 말고, 성령의 음성에 귀 기울이게 하소서. 친구들과 비교하지 말고 주님이 주신 목표와 희망에 집중하게 하소서.

하나님, 우리의 자녀들에게 감사의 영성을 허락하여 주소서. 하나님께 기도할 수 있다는 사실 하나만으로도 감사하게 하소서. 하나님이 행하시는 일은 모두 의롭고 자비로우시니 모든 것이 합력하여 선을 이루시는 하나님께 감사하게 하소서. 원망의 조건을 찾는 것이 아니라 감사의 조건들을 찾을 줄 알게 하소서. 우리의 기도를 하나님께서 들으시는 것 자체가 응답인줄 믿고 의심하지 말게 하소서. 고통 가운데서도 하나님 나라에 집중하신 예수님의 이름으로 기도드립니다.
아멘.

2 돈 욕심을
버리게 하소서

소유가 늘 때마다 근심도 늘어간다.
−존 러스킨−

돈이 없는 사람은 가난하다. 돈 밖에 없는 사람은
더 가난하다. −j.폴 게티−

돈을 사랑함이 일만 악의 뿌리가 되나니 이것을 탐
내는 자들은 미혹을 받아 믿음에서 떠나 많은 근심
으로써 자기를 찔렀도다 (디모데전서 6:10)

재물은 진노하시는 날에 무익하나 공의는 죽음에서
건지느니라 (잠언 11:4)
Wealth is worthless in the day of wrath, but
righteousness delivers from death. (Proverbs
11:4)

진리의 하나님, 부자를 부러워하기보다 믿음을
사모하는 아이들이 되게 하소서. 부자를 목표
로 사는 것이 아니라 섬김과 나눔을 목표로 살

아가게 하소서. 가난한 자가 복이 있다는 예수
님의 말씀을 실천하며 살게 하소서. 우리의 미
래를 책임져주는 것은 돈이 아니라 하나님이심
을 알게 하소서. 무엇보다 우리는 이 땅에 잠시
왔다가는 나그네임을 알게 하소서. 모든 것은
하나님의 것이며 우리는 잠시 빌려 쓰는 것임
을 알게 하소서. 우리 마음속에 있는 돈 욕심을
버리게 하시고 온전히 그리스도를 따르게 하소
서.

하나님, 우리 인생의 목표를 바르게 세워나가
길 원하오니 성령님 인도하여 주소서. 부와 성
공만을 추구하는 삶이 아니라 그리스도와 함
께 고난 받는 것을 따라갈 줄 아는 제자의 삶을
살아가게 하소서. 세상이 주는 것으로 먹고 배
부른 것보다 그리스도와 함께 고난 받는 것을
더 즐길 줄 알게 하소서. 내가 가지고 있는 것
은 내 것이 아니라 하나님의 것임을 알게 하시

고, 돈을 의지하지 않고 하나님만 의지하며, 이
웃과 나누며 살아가는 아이들이 되게 하소서.
가난하다고 해서 무시당하는 사회가 되지 말게
하소서. 가난하게 사신 예수님의 이름으로 기
도드립니다.
아멘.

3 사람을 사랑하며 살게 하소서

사랑은 사람을 치료한다. 사랑을 받는 사람과 사랑을 하는 사람을 동시에. −칼 매닝거−

너의 이웃집이 불타면 네 자신의 안전도 위태롭다. −호라티우스−

네 생각에는 이 세 사람 중에 누가 강도 만난 자의 이웃이 되겠느냐 이르되 자비를 베푼 자니이다 예수께서 이르시되 가서 너도 이와 같이 하라 하시니라 (누가복음 10:36,37)

내 계명은 곧 내가 너희를 사랑한 것 같이 너희도 서로 사랑하라 하는 이것이니라 (요한복음 15:12)
My command is this: Love each other as I have loved you. (John 15:12)

사랑의 하나님, 우리는 이 땅을 살아가면서 사람들에게 많은 상처를 받으며 살아갑니다. 우리의 자녀들 또한 그런 상처들을 경험하게 될 것입니다. 그럴 때마다 상대방을 욕하고 미워하게 됩니다. 마음속엔 분노와 상처가 가득 쌓여있습니다. 그러나 원수를 사랑하라 말씀하신 주님의 말씀에 순종하여 상대방을 용서하며 살아가게 하소서. 우리는 사람에게 많은 상처를 받지만 반대로 사람에게 많은 위로도 받습니다. 그동안 받아온 큰 사랑들은 잊어버리고 그들로부터 받은 작은 상처만 기억한다면 얼마나 안타까운 일일까요. 용서하고 사랑하는 그리스도인이 되길 원합니다.

하나님, 장난감이 세상의 전부인 것처럼 매달리는 아이처럼, 우리도 별것 아닌 일에 절망하거나 들떠서 살아갈 때가 많은 것 같습니다. 지금 중요하다 여기고 정신없이 쫓아다니고 있는 것들에 매여 주님의 참사랑을 잊지 않게 하시고, 주님의 크고 놀라우신 사랑을 찬양하며 살아가게 하소서. 우리 아이들의 심령 속에 하나

님의 사랑을 물 붓듯이 부어주소서. 잘난 사람
이나 못난 사람이나 다 부족하고 연약한 존재
들이오니 서로를 불쌍히 여길 줄 알게 하소서.
먼저 화해의 손을 내미는 것이 승리의 길임을
알게 하소서. 사랑으로 살아가신 예수님의 이
름으로 기도드립니다.
아멘.

4 주님이 주신
고유한 모습으로
살게 하소서

특별한 사람이 되려면 남다른 사람이 되어야 한다. —에머슨—

어떤 사람이 동료들과 보조를 맞추지 못한다면 그것은 그가 우리와는 다른 북소리를 듣고 있기 때문인지도 모른다. —소로—

너희가 아들이므로 하나님이 그 아들의 영을 우리 마음 가운데 보내사 아빠 아버지라 부르게 하셨느니라 (갈라디아서 4:6)

주께서 내 내장을 지으시며 나의 모태에서 나를 만드셨나이다 (시편 139:13)
For you created my inmost being; you knit me together in my mother's womb. (Psalms 139:13)

생명의 하나님, 주님께서 창조하신 창조섭리를

따라 살길 원합니다. 우리의 욕심과 죄악된 모습이 아닌 주님이 원하시는 모습으로 살아가게 하소서. 좀 더 겸손하게 하시고 좀 더 온유한 사람으로 자라나게 하소서. 자신을 나타내기보다 자신을 축소시킬 줄 알게 하시고, 짜증내고 화내기보다 인내하는 마음으로 살아가게 하소서. 항상 주님을 향해 기도하며 예수 그리스도께 집중하는 삶을 살아가게 하소서. 우리는 이 땅을 살아가면서 주님의 모습을 떠나 살 때가 많습니다. 너무나 쉽게 흔들리고 원망하고 불평하며 분노합니다. 우리의 믿음 없음을 용서하여 주시고 불쌍히 여겨 주소서. 미움, 다툼, 시기, 질투를 버리고 원수를 위해 기도하며 살아갈 수 있는 믿음을 허락하여 주소서.

하나님, 아이들은 성경을 읽기보다 스마트폰에 빠져서 살아갑니다. 스마트폰이 하나의 우상으로 자리 잡았습니다. 하나님을 찬양하기보다는 유명가수의 음악만 좋아합니다. 아이들의 손에

폰이 아닌 성경이 들려지게 하소서. 사막의 신기루와 같은 연예인들의 겉모습에 현혹되지 말고 오히려 십자가에 달리시고 부활하신 예수님께 집중하게 하소서. 아이돌 대신 그동안 멀어졌던 주님께 사랑한다고 기도하게 하소서. 생명의 근원이신 예수님의 이름으로 기도드립니다.

아멘.

5 하나님의 사랑을
부어주소서

'……나의 힘으로 당신을 사랑할 수 없고, 내가 가진 모든 것으로 당신을 축복할 수 없지만 주님이 주신 크고도 놀라우신 그 사랑으로 당신을 축복합니다. -찬양 가사 / 박철순-

사랑에는 한 가지 법칙밖에 없다. 그 대상을 행복하게 하는 것이다. -스탕달-

소망이 우리를 부끄럽게 하지 아니함은 우리에게 주신 성령으로 말미암아 하나님의 사랑이 우리 마음에 부은 바 됨이니 (로마서 5:5)

하나님이 세상을 이처럼 사랑하사 독생자를 주셨으니 이는 그를 믿는 자마다 멸망하지 않고 영생을 얻게 하려 하심이라 (요한복음 3:16)
"For God so loved the world that he gave his one and only Son, that whoever believes in him shall not perish but have eternal life. John 3:16

지혜의 하나님, 우리 아이들의 메마른 심령 속에 하나님의 사랑을 부어주소서. 자기와 친한 친구만이 아니라, 친구가 아닌 원수마저도 사랑할 수 있다면 이 세상은 참 아름다울 것입니다. 남과 북이 사랑하고, 영남과 호남이 사랑하며, 장애인과 비장애인이 사랑하고 어른과 아이들이 사랑하길 원합니다. 중간의 막힌 담을 허물어 주시고 주님의 사랑으로 하나 되게 하소서. 예수 그리스도와 하나되어 영원한 생명으로 인도하여 주소서. 우리 모두를 주님의 품으로 안아주소서.

하나님, 청소하면 집안이 깨끗해져서 기분이 상쾌해집니다. 그런데 우리의 마음도 청소할 순 없을까요? 우울한 마음, 걱정스러운 마음, 짜증 나는 마음 등을 모두 다 청소하고 싶습니다. 우리 자녀들이 먼저 하나님께 회개하는 삶을 살게 하소서. 하나님을 신뢰하지 못하고 의심했던 것들, 거짓말했던 것들, 주위 사람들에게 상처 주는 말을 했던 것들, 남을 생각하지 않고 자기만 생각했던 잘못들을 하나님 앞에 진심으로 회개하게 하소서. 날마다, 십자가에 달리신 예수 그리스도와 함께 죽고 부활의 예수님과 함께 살아나게 하소서. 원수까지 사랑하신 예수님의 이름으로 기도드립니다.

아멘.

6 무너진 생태계를 회복 시켜주소서

자연계에 등을 돌리는 것은 결국 우리 행복에 등을 돌리는 것이다. -사무엘 존슨-

자연은 하나님의 작품이요. 예술은 사람의 작품이다. -H. W. 롱펠로우-

피조물이 고대하는 바는 하나님의 아들들이 나타나는 것이니 피조물이 허무한 데 굴복하는 것은 자기 뜻이 아니요 오직 굴복하게 하시는 이로 말미암음이라 (로마서 8장 19, 20)

피조물이 다 이제까지 함께 탄식하며 함께 고통을 겪고 있는 것을 우리가 아느니라 (로마서 8:22)
We know that the whole creation has been groaning as in the pains of childbirth right up to the present time. Romans 8:22

이 세상을 창조하신 하나님, 지금 생태계가 많이 병들어 있습니다. 인간의 이익을 위해 다른 생명을 무참히 말살하고 있습니다. 방사능이 유출되고 지구의 사막화가 급속도로 진행되며 초미세 먼지와 오염된 땅과 물속에서 우리 자녀들이 살고 있습니다. 아이들 가운데 비염과 아토피 환자는 너무나 흔합니다. 우리는 어찌 자연의 신음을 듣지 못하는 것일까요. 자연과 형제의 울음소리에 귀를 막고 물질적으로 풍요로워져야겠다는 생각밖에 없는 것 같습니다. 우리의 자녀들에게 무엇이 중요한 것인지 분별할 수 있는 능력을 허락하소서. 우리는 가장 중요한 문제인 생태계의 파괴를 막지 못했습니다. 잘못된 제도는 다시 바꿀 수 있지만, 한번 파괴된 생태계는 회복하기 어렵다는 걸 알게 하소서. 인간과 자연이 분리되어 살아갈 수 없음을 알게 하시고 늦었지만 지금부터라도 자연을 아끼고 보존할 수 있는 주님의 자녀들이 되게 하소서.

하나님, 도시문명 속에 살아가는 우리들은 많은 것을 생산하고 많은 것을 소비합니다. 그로 인해 쓰레기도 늘어만 갑니다. 세상이 주는 경험으로 인해 많은 것을 소유해야만 행복할 수 있다고 착각하며 살아갑니다. 하지만 돈 없이도 얼마든지 주님이 주시는 행복을 누릴 수 있다는 것을 알게 하소서. 하나님을 찬양할 때, 믿음의 교제를 나눌 때, 성경을 읽을 때, 하나님이 창조하신 밤하늘의 별과 꽃을 볼 때 얼마나 행복한 줄 모릅니다. 숨을 쉴 수 있다는 것도 주님의 은총임을 고백합니다. 우리 자녀들로 하여금 소비 지향적인 삶에서 하나님 지향적인 삶으로 삶의 방향을 바꿀 수 있도록 도와주십시오. 모든 것을 버리고 하나님의 뜻에 순종하신 예수님의 이름으로 기도드립니다. 아멘.

7 오직 예수 그리스도만을
자랑하게 하소서

주 예수보다 더 귀한 것은 없네. 세상 즐거움 다
버리고 세상 자랑 다 버렸네. 주 예수보다 더 귀한
것은 없네. 예수 밖에는 없네.
−Mrs.R.F miller (찬송가)−

제가 있어야 할 자리에서 고통 받으신 예수님만이
저의 치료자이십니다. 예수님의 위로 외에는 그
무엇도 저를 위로할 수 없답니다.
−어거스투스 탑레이디−

그러나 내게는 우리 주 예수 그리스도의 십자가 외
에 결코 자랑할 것이 없으니 그리스도로 말미암아
세상이 나를 대하여 십자가에 못 박히고 내가 또한
세상을 대하여 그러하니라 (갈라디아서 6:14)

다른 이로써는 구원을 받을 수 없나니 천하 사람
중에 구원을 받을 만한 다른 이름을 우리에게 주신
일이 없음이라 하였더라 (사도행전 4:12)
Salvation is found in no one else, for there is

no other name under heaven given to men by
which we must be saved. (Acts 4:12)

낮은 곳에 임하신 하나님, 새 한 마리가 사무실에 들어와 건물 안을 휘젓고 다녀 놀란 적이 있었습니다. 자연에 있어야 할 새처럼 우리도 각자의 자리가 있을 줄 압니다. 그러나 그 자리를 지키지 못하고 떠날 때 아름다운 모습은 사라지는 것 같습니다. 사람들은 높은 자리에 올라가길 원하지만, 주님은 낮은 곳에 계셨습니다. 우리는 시선 집중 받으며 살기를 원하지만, 주님은 보이지 않는 곳에서 하나님의 뜻에 순종하셨습니다. 우리의 자녀들이 늘 낮은 마음으로 낮은 곳에 있게 하소서. 세상이 주는 영광의 자리보다 이름도 빛도 없는 낮은 자리에서 하나님의 뜻에 순종하는 삶을 살게 하소서. 철저히 자기 자신을 축소하는 겸손한 삶을 살게 하소서.

하나님, 우리의 자녀가 진심으로 자신을 낮출 줄 아는 자가 되게 하소서. 친구와의 만남 속에서 그 어떤 것도 자랑하지 않는 자가 되게 하소서. 어느 아파트에 사는지, 몇 평에 사는지, 엄마아빠가 무슨 차를 타는지를 비교하고 자랑하는 우리들의 모습을 불쌍히 여겨 주소서. 우리 영혼에 기쁨을 주시고 무엇보다 예수 그리스도를 절대 생명으로 경험하여 그 무엇도 비교하지 않게 하소서. 우리가 자랑하는 그 모든 것들은 바울이 배설물로 여겼던 것들입니다. 그러니 오직 예수 그리스도만을 자랑하게 하소서. 기적을 행한 후에도 자랑하지 않으시고 감추신 예수님의 이름으로 기도드립니다.

아멘.

8 죄인들을 구원하신 예수님을 찬양하게 하소서

내 마음이 예수 그리스도로 채워질수록 나는 죄의 권세에서 더욱 벗어나게 된다.
- H.A. 아이언 사이드 -

시험을 당하고도 하나님을 찬양하는 자는 그들의 시험을 통해서 하나님께서 축복하신다.
- 무명 -

아들을 낳으리니 이름을 예수라 하라 이는 그가 자기 백성을 그들의 죄에서 구원할 자이심이라 하니라 (마태복음 1:21)

그러므로 우리는 예수로 말미암아 항상 찬송의 제사를 하나님께 드리자 이는 그 이름을 증언하는 입술의 열매니라 (히브리서 13:15)
Through Jesus, therefore, let us continually offer to God a sacrifice of praise--the fruit of lips that confess his name. (Hebrews 13:15)

은혜로우신 하나님, 주님께서 행하시는 구원의 신비가 참으로 놀랍습니다. 이스라엘에 있어 구원은 세리와 죄인이 아닌 바리새인과 같은 의인에게 임하는 것이었습니다. 그러나 주님께서는 자신들 마음대로 구원을 판단하는 유대인들과 달리 잃어버린 자를 찾기 위해 이 땅에 왔다고 하셨습니다. 주님의 자비가 없었다면 저희들은 한줌의 티끌보다도 못한 존재였을 것입니다. 죄인까지도 품어주시는 주님의 사랑과 긍휼을 소리 높여 찬양하게 하소서.

하나님, 우리아이들이 성경말씀을 바르게 깨닫길 원합니다. 주님이 뜻하신바가 무엇인지 성령님 인도하여 주소서. 미련하고 약한 우리는 다른 사람들을 함부로 판단하며 살 때가 많습니다. 구원의 가능성이 전혀 없어 보이는 죄인들을 품어주신 예수님의 사랑을 기억하며 모든 사람들을 사랑으로 대하게 하여 주시고 특별히 지

극히 작은 자를 섬길 수 있는 우리의 자녀들이
되게 하소서. 우리의 자녀들이 성경말씀을 깊이
있게 알길 원합니다. 세상은 돈과 권력을 원하
지만 우리의 자녀들은 오직 주님의 말씀을 사모
하게 하소서. 우리에게 기쁜 소식을 전하신 예
수님의 이름으로 기도드립니다.
아멘.

9 성령으로 충만하여 콤플렉스를 극복하게 하소서

'어쩔 수 없지 뭐'라는 냉정한 시각으로 자신을 바라보라. 바로 이것이 자신의 약점이나 콤플렉스에서 벗어날 수 있는 첫 걸음이다. -히로카네 켄시-

어떤 사람이 열등감 때문에 주저하고 있는 동안 다른 사람은 실수를 통해 뛰어난 능력을 발휘하고 있다. -헨리 링크-

우리가 그 안에서 그를 믿음으로 말미암아 담대함과 확신을 가지고 하나님께 나아감을 얻느니라 (에베소서 3:12)

오직 성령의 열매는 사랑과 희락과 화평과 오래 참음과 자비와 양선과 충성과 온유와 절제니 이같은 것을 금지할 법이 없느니라 (갈라디아서 5:22, 23)
But the fruit of the Spirit is love, joy, peace, patience, kindness, goodness, faithfulness, gentleness and self-control. Against such things

영원하신 하나님, 우리는 정신없이 바쁘게 하루하루를 살아갑니다. 그래서 '시간이 없다'는 말을 입에 달고 삽니다. 심지어는 영화를 보면서도 바쁘다고 말합니다. 우리의 자녀들은 이 땅에 살아 숨 쉬고 있다는 걸 느낄 틈이 없습니다. 노을을 바라볼 시간도 없이, 들에 핀 꽃향기를 맡을 틈도 없이 무언가에 쫓기듯 살아가고 있습니다.

하나님, 주님을 생각하며 살아가는 아이들이 되길 원합니다. 하나님 안에서만 참된 영혼의 안식이 있다는 걸 알게 하소서. 세상에 의지할 것이 많은 사람보다는 이 세상에 기댈 것 없어 하나님만 의지하길 원합니다. 못생기고 키가 작고 여러 가지 콤플렉스가 있다할지라도 자신을 창조한 위대하신 하나님을 기억하게 하소서. 사람들의 눈에서 자유롭게 하여 주시고 오직 주님만을 바라보며 살게 하소서. 자기 자신에게 집중하여 절망하는 것이 아니라 창조주 하나님께 집중하여 담대한 믿음으로 충만하게 하소서. 성령으로 충만하여 세상의 사사로운 것들로부터 벗어나 하나님이 주신 사명만을 쫓아 살아가는 아이들이 되게 하소서. 고운 모양도 없고 풍채도 없어 우리가 보기에 흠모할 만한 아름다운 것이 없으셨던 예수님의 이름으로 기도드립니다.

아멘.

10 해같이 빛나는
아름다운 얼굴을
주소서

얼굴은 늘 단정하면서 침착한 태도를 가질 것이며, 의복은 항상 정결해야 한다. 또 걸음걸이는 활기가 있어야 한다. −장사숙−

좋은 첫인상을 남길 수 있는 기회란 결코 두번 다시 오지 않는다. −디오도어 루빈−

그의 삼촌의 딸 하닷사 곧 에스더는 부모가 없었으나 용모가 곱고 아리따운 처녀라 그의 부모가 죽은 후에 모르드개가 자기 딸 같이 양육하더라 (에스더 2:7)

공회 중에 앉은 사람들이 다 스데반을 주목하여 보니 그 얼굴이 천사의 얼굴과 같더라 (사도행전 6:15)
All who were sitting in the Sanhedrin looked intently at Stephen, and they saw that his face was like the face of an angel. (Acts 6:15)

하나님, 저희가 아침에 눈을 떠서 일어났다는 것, 숨을 쉬고 있다는 것, 이렇게 걷고 있다는 것, 손으로 컴퓨터 마우스를 잡고 있다는 것이 얼마나 신비롭고 놀라운 일인가요. 바다가 파란 것처럼 산에 있는 나무들도 완전히 초록색으로 변했습니다. 우리의 자녀들이 순간순간마다 하나님의 손길을 느낄 수 있게 하소서. 어느 것 하나 주님의 은총이 아닌 것이 없습니다. 우리의 자녀들이 아프고 힘들 때가 있더라도 일상에 깃든 하나님의 은총을 깨달아 감사와 찬양으로 살아가게 하소서. 그 무엇도 우리를 그리스도의 사랑에서 끊을 수 없습니다. 먹구름 뒤에 있는 은빛 하늘 주 예수 그리스도를 바라보므로 천사와 같이 빛나는 얼굴을 허락하소서. 주님이 주시는 기쁨을 알게 하셔서 사사로운 다툼이 없게 하소서.

하나님, 우리의 자녀들은 외모에 신경을 많이

쓰고 열등감에 사로잡혀 있을 때가 많습니다. 하나님이 주신 고유의 아름다움은 잊어버린 채 연예인의 얼굴만을 동경합니다. 하지만 겉모습만이 전부가 아니라는 걸 알게 하소서. 웃는 얼굴, 찬양하는 얼굴, 복음을 전하는 얼굴을 갖게 하소서. 진실하고 성실하며 하나님과 이웃을 사랑하는 삶을 통해 해같이 빛나는 아름다운 얼굴을 갖게 하소서. 해같이 빛나신 예수님의 이름으로 기도드립니다.

아멘.

가정생활을
위한
기도

1. 아침에 눈을 떴을 때 하나님부터 생각하게 하소서
2. 바쁜 낮에도 주님의 사랑을 기억하게 하소서
3. 잠들기 전 하나님께 기도하게 하소서
4. 일용할 양식을 주신 하나님께 감사하게 하소서
5. 부모 없는 아이들에게 하나님의 사랑을 베푸소서
6. 장애아들을 차별로부터 보호하여 주소서
7. 굶주리는 아이들에게 일용할 양식을 주소서
8. 주님의 평화가 가득한 가정이 되게 하소서
9. 자립정신을 허락하여 주소서
10. 주님의 사랑이 가득한 결혼 생활을 하게 하소서

1 아침에 눈을 떴을 때
하나님부터
생각하게 하소서

제일 먼저 하나님께 예배드려라. 기도하는 것을
망각한 사람은 좋은 내일이나, 좋은 날을 기대할
수 없다. -T. 랜돌프-

사람의 마음이 먼저 하나님에 의하여 만족되지 않
으면 사람을 향한 그의 사랑은 안전하지 않다.
-오스왈드 챔버스-

그 달의 번제와 그 소제와 상번제와 그 소제와 그
전제 외에 그 규례를 따라 향기로운 냄새로 화제를
여호와께 드릴 것이니라 (민수기 29:6)

그런즉 너희는 먼저 그의 나라와 그의 의를 구하라
그리하면 이 모든 것을 너희에게 더하시리라 (마태
복음 6:33)
But seek first his kingdom and his
righteousness, and all these things will be given
to you as well. (Matthew 6:33)

아침을 주신 하나님, 오늘 하루도 생명을 주셔서 감사합니다. 우리 자녀들이 눈을 떴을 때 하나님부터 생각하길 원합니다. '학교 가기 싫어, 숙제도 안 했는데 어떡하지'와 같은 원망과 불평이 아닌 감사와 찬양으로 하루를 시작하게 하소서. 아침에 눈을 뜨게 하심에 감사하고, 빛을 주셔서 감사하며, 먹을거리를 주셔서 감사하게 하소서. 모든 것이 귀찮고 아침 일찍 일어나야 해서 짜증이 날 수도 있겠지요. 그럼에도 불구하고 감사의 조건을 찾을 수 있게 하소서. 몸을 움직일 수 있고, 공부할 수 있는 학교가 있고, 무엇보다 하나님께 기도할 수 있다는 게 얼마나 감사한 일인지요. 키가 크고 지혜가 자라야 할 시기입니다. 아침밥도 잘 먹을 수 있도록 도와주시고 편식하지 않도록 도와주소서. 세상엔 먹을 게 없어서 굶주리는 아이들이 많습니다. 그들을 위해 함께 아파하며 기도할 수 있는 우리의 자녀가 되게 하소서.

하나님, 우리 자녀들이 하찮은 사물 하나도, 작은 애벌레도, 새싹 하나도 소중히 여기는 마음을 가지게 하소서. 사도 바울은 만물의 탄식을 듣는다고 말했고, 주 예수 당신께서도 지극히 작은 자 하나에게 한 것이 곧 내게 한 것이라고 말씀하셨습니다. 하나님이 창조하신 모든 생명이 다 소중함을 알게 하소서. 아무리 좋은 대학을 나오고 높은 연봉을 받는다고 하더라도, 남을 낮게 여기고 잘난 척 살아간다면 무슨 소용이 있겠습니까. 오늘 하루도 겸손한 마음, 지극히 작은 자를 섬기는 마음으로 살아가게 하소서. 우리에게 생명을 주신 예수님의 이름으로 기도드립니다.

아멘.

2 바쁜 낮에도 주님의 사랑을 기억하게 하소서

너무 바빠서 기도합니다(Too busy not to pray).
–빌 하이벨스–

이 세상에 하나님을 본 사람은 하나도 없다. 그러나 만일 우리가 서로 사랑한다면, 하나님은 우리의 가슴속에 머무를 것이다. –톨스토이–

주께서 너희 마음을 인도하여 하나님의 사랑과 그리스도의 인내에 들어가게 하시기를 원하노라 (데살로니가후서 3:5)

하나님이 우리를 사랑하시는 사랑을 우리가 알고 믿었노니 하나님은 사랑이시라 사랑 안에 거하는 자는 하나님 안에 거하고 하나님도 그의 안에 거하시느니라 (요한1서 4:16)
And so we know and rely on the love God has for us. God is love. Whoever lives in love lives in God, and God in him. (1 John 4:16)

낮을 주신 하나님, 요즘은 초등학생도 바쁘게 지냅니다. 학교에 갔다가 방과 후 수업을 하고 학원 한두 군데를 마치고 나면 저녁이 됩니다. 바쁜 일상생활 가운데서도 주님의 사랑을 잊지 않게 하소서. 하나님께서 지혜를 주셔서 옳고 그름을 판단할 줄 알게 하시고 어려움에 부닥친 친구를 못 본체하지 않게 하소서. 처음 보는 친구에게도 마음의 문을 활짝 열게 하시고 장난감이나 노트 필기를 함께 나눌 줄 아는 자가 되게 하소서. 어릴 때부터 많은 공부로 인해 지쳐있는 아이들이 있습니다. 이들에게 참된 안식을 허락하여 주소서. 마음속에 주님이 주시는 평화와 감사와 자유가 넘치게 하소서. 산으로 들로 운동장으로 마음껏 뛰어노는 하루가 되게 하시고 하나님의 강한 손으로 언제나 지켜 보호하여 주소서.

하나님, 우리 아이들에게 가장 중요한 인성교

육을 허락하여 주소서. 아이들의 마음이 진실
하고 깨끗하게 하시고 진정한 행복은 물질적
풍요보다 하나님과의 관계에 있다는 것을 알게
하소서. 우리를 불쌍히 여겨주소서. 나만을 위
한 공부가 아니라, 남을 돕고 섬기기 위해 최선
을 다해 공부하게 하시고 지혜와 총명을 더하
여 주소서. 하나님의 진리를 우리에게 알려주
신 예수님의 이름으로 기도드립니다.
아멘.

3 잠들기 전 하나님께 기도하게 하소서

기도는 아침의 열쇠요 저녁의 자물쇠이다.
−그레이엄−

항상 어느 상황에서든 드릴 수 있는 기도를 배우
라. −귀용 부인−

밤에 여호와께서 솔로몬에게 나타나사 그에게 이르
시되 내가 이미 네 기도를 듣고 이 곳을 택하여 내
게 제사하는 성전을 삼았으니 (역대하 7:12)

보라 밤에 여호와의 성전에 서 있는 여호와의 모든
종들아 여호와를 송축하라 (시편 134:1)
Praise the LORD, all you servants of the LORD
who minister by night in the house of the LORD.
(Psalms 134:1)

밤을 주신 하나님, 아이들이 잠자리에 들기 전
하나님께 기도하게 하소서. 하나님을 잊으며
살지는 않았는지, 하나님보다 자기 일만 생각

하며 살지는 않았는지 뒤돌아보게 하소서. 친구들에게 말이나 행동으로 상처 준 것을 반성할 줄 아는 시간이 되게 하소서. 하나님께 모든 걸 말하게 하소서. 하나님 앞에 아무것도 감추지 않게 하소서. 다른 친구들을 용서하고 하나님께도 용서받는 시간이 되게 하소서. 아이의 마음속에 오직 하나님의 사랑으로 가득 차게 하소서. 무서운 꿈을 꾸지 않게 하시고 꿈속에서라도 하나님을 찬양하게 하소서. 깜깜한 밤, 하나님의 말씀이 자녀들의 길을 비춰 주는 빛이 되게 하소서. 내일 일은 내일 염려하게 하시고 한날의 괴로움은 그날에 족하게 하소서.

하나님, 세상엔 미움과 시기와 전쟁이 가득합니다. 남을 생각하기보다는 자신의 이익만을 생각합니다. 그래서 서로 싸우고 경쟁합니다. 사람들이 모이면 남을 욕하기 바쁩니다. 남을 미워하는 마음 때문에 잠이 오지 않습니다. 우리 자녀들이 잠들기 전 주님의 평화로 가득하게 하소서. 우리가 어떻게 이 일을 해낼 수 있겠습니까. 오직 주님의 사랑의 힘밖에는 없사오니, 우리 자녀들에게 주님의 사랑과 부활의 기쁨을 부어주소서. 물이 바다를 덮음같이 그리스도의 평화로 이 세상을 덮는 데 쓰임 받게 하소서. 모든 것을 하나님께 맡기는 결단의 시간이 되길 원하오며 예수님의 이름으로 기도드립니다.

아멘.

4 일용할 양식을 주신 하나님께 감사하게 하소서

한 방울의 물에도 천지의 은혜가 스며있고 한 톨의 곡식에도 만인의 땀이 담겨 있습니다. 감사히 식사를 들겠습니다. -다일공동체-

주님 앞으로 나오는 자는 항상 주님이 책임 지신다는 것을 기억하라. -레이 오틀런드-

우리에게 날마다 일용할 양식을 주시옵고 우리가 우리에게 죄 지은 모든 사람을 용서하오니 우리 죄도 사하여 주시옵고 우리를 시험에 들게 하지 마시옵소서 하라 (누가복음 11:3, 4)

그들이 먹을 때에 예수께서 떡을 가지사 축복하시고 떼어 제자들에게 주시며 이르시되 받아서 먹으라 이것은 내 몸이니라 하시고 (마태복음 26:26)
While they were eating, Jesus took bread, gave thanks and broke it, and gave it to his disciples, saying, "Take and eat; this is my body. (Matthew 26:26)

일용할 양식을 주신 하나님, 우리의 자녀들에게 귀한 음식을 주셔서 감사합니다. 음식을 먹기 전 자녀들의 마음속에 하나님에 대한 감사가 넘치게 하소서. 주님께서 햇빛과 공기와 물과 땅을 허락하지 않으셨다면 우리가 어떻게 농사를 지을 수 있었겠습니까. 모든 것 허락하신 하나님을 기억하게 하시고 이 음식을 준비한 농부와 어부들 그리고 수많은 노동자의 손길도 잊지 않게 하소서. 요즘엔 유전자를 변형시킨 오염된 음식이 많습니다. 씨앗부터 유전자를 변형시켜 버렸습니다. 인간의 탐욕으로부터 생겨난 죄악된 음식들로부터 자녀들을 구하여 주시고 좋은 먹거리를 섭취하여 건강해질 수 있도록 도와주소서. 농약으로 오염된 땅이 회복되고 폐수로 오염된 강과 바다가 회복되게 하소서. 우리 주위엔 어려운 이웃들이 많습니다. 그들 모두에게 일용할 양식을 내려주시고 이웃과 음식을 나눌 줄 아는 주님의 자녀들이 되게 하소서. 나누는 것을 아깝게 여기지 말게 하시고 기쁨과 즐거움으로 나누게 하소서. 식사 전 기도하는 것을 부끄럽게 여기지 않게 하시고 짧지만 진실한 마음으로 기도하게 하소서.

하나님, 간절히 비오니 물질의 노예가 되지 말게 하시고 떡보다 하나님의 말씀을 중요시하게 하소서. 큰 나무 밑에는 아무것도 자라나지 못하지만 큰 사람 밑에서는 누구나 자랄 수 있다는 말이 있듯이, 우리 자녀들도 정의로우신 예수님의 제자로 살아 정의로운 자로 건강하게 성장하게 하소서. 정의로운 삶을 사신 예수님의 이름으로 기도드립니다.
아멘.

5 부모 없는 아이들에게 하나님의 사랑을 베푸소서

하늘과 땅을 웃기려면 먼저 고아를 웃겨라. 고아
가 웃으면 하늘과 땅도 모두 웃을 것이다.
– 탈무드–

"멈추게 해 주세요! 모두가 우리 아이입니다"
–국제구호개발기구 월드비전 캠페인 구호–

실상은 내가 젊었을 때부터 고아 기르기를 그의 아
비처럼 하였으며 내가 어렸을 때부터 과부를 인도
하였노라 욥기 31:18

고아와 과부를 위하여 정의를 행하시며 나그네
를 사랑하여 그에게 떡과 옷을 주시나니 (신명기
10:18)
He defends the cause of the fatherless and the
widow, and loves the alien, giving him food and
clothing. (Deuteronomy 10:18)

우리의 보호자 되시는 하나님, 부모 없는 아이들이 있습니다. 아빠·엄마가 살아있지만 버림받은 아이들도 있습니다. 엄마의 따뜻한 품과 아빠의 넓은 어깨를 보지 못하고 살아가는 아이들을 긍휼히 여겨주소서. 세상 모든 어른이 이 아이들의 부모가 되게 하여 주시고 무엇보다 하나님께서 이들을 돌보아주소서. 보통의 아이들은 부모를 의지하며 살지만, 이들은 의지할 부모가 없습니다. 그러니 오직 하나님만을 의지하게 하소서. 세상의 관점에선 불쌍한 존재지만, 신앙의 관점에선 이것보다 더 좋은 것이 없습니다. 하나님 한 분만을 의지하는 것만큼 보배로운 삶이 어디에 있겠습니까. 슬퍼하지 말게 하시고 오히려 더 간절하게 주님을 사모할 수 있는 신앙의 환경을 주신 하나님께 감사하는 삶을 살게 하소서. 비록 부모님은 없지만 주눅 들거나 약해지지 말게 하시고 임마누엘 주님과 동행하는 삶을 살게 하소서. 이 아이들에게 하나님의 크신 사랑을 베풀어 주소서.

하나님, 시편 기자들은 생존의 위험 가운데서
도 하나님을 노래했습니다. 우리의 자녀들이
꽃길만 걷는다고 해서 좋은 것만은 아닐 줄 압
니다. 아프고 눈물 나도 주님이 함께하시면 귀
하고 아름다울 줄 압니다. 우리의 자녀들이 고
통가운데 있다할지라도 창조주 여호와 하나님
을 찬양하게 하소서. 하나님을 찬양하는 삶이
우리 존재 이유가 아니겠습니까? 기뻐하며 찬
양하고 슬퍼도 찬양하며 어떤 상황에서도 하나
님을 찬양하게 하소서. 우리의 가족이 되어주
신 예수님의 이름으로 기도드립니다.
아멘.

6 장애아들을 차별로부터 보호하여 주소서

장애는 불편하다. 하지만 불행한 것은 아니다.
-헬렌 켈러-

모든 사람은 태어날 때부터 자유롭고 동등한 존엄
성과 권리를 가지고 있다. -넬슨 만델라-

주님께서는 연약한 백성은 구하여 주시고, 교만한
눈은 낮추십니다. (시편 18:27)

말 못하는 사람이 말하고 장애인이 온전하게 되고
다리 저는 사람이 걸으며 맹인이 보는 것을 무리가
보고 놀랍게 여겨 이스라엘의 하나님께 영광을 돌
리니라 (마태복음 15:31)
The people were amazed when they saw the
mute speaking, the crippled made well, the
lame walking and the blind seeing. And they
praised the God of Israel. (Matthew 15:31)

공평하신 하나님, 장애를 가지고 태어난 아이

들이 있습니다. 제대로 걷지 못하고 말하지 못하며 보지 못합니다. 이 자녀들과 함께하여 주소서. 주님께서 함께해 주시지 않는다면 너무나 살아가기 힘듭니다. 중간에 포기하고 싶은 충동이 들기도 합니다. 장애인들이 살아가기엔 불편한 점이 너무 많습니다. 대중교통을 이용하기도 힘들고 문턱이 높아 건물 안에 들어가기도 어렵습니다. 몸이 불편한 것도 서러운데 사람들의 차가운 시선은 더욱 마음을 아프게 합니다. 그러니 주께서 장애아들을 위로하여 주시고 고난 중에 주님의 영광을 바라보게 하소서. 건강한 사람들이 쓸데없이 돌아다닐 시간에 성경말씀을 읽거나 듣게 하시고 주님을 더욱 사모하게 하소서. 장애인들에 대한 비장애인들의 차별이 없게 하시고 그런 차별이 하나님 앞에 죄임을 알게 하소서. 서로서로 돕게 하시고 사랑으로 온전히 하나 되게 하소서.

하나님, 우리 자녀들이 이 험하고 거친 세상 가운데 살며 받게 될 상처들을 생각하면 마음이 아픕니다. 온실 속의 화초처럼 자라길 원하는 건 아니지만 그래도 가능하면 그리스도 안에서 기쁘고 풍요로운 삶을 살았으면 좋겠습니다. 하루 종일 놀아도 지치지 않는 소년의 에너지를 회복시켜주소서. 심심하고 외롭다고 휴대전화 오락만 붙들고 사는 일이 없게 하시고 책을 보고 자연을 보고 사람을 보며 살게 하소서. 그리하여 인간과 세상에 대한 깊은 이해가 있게 하시고 더불어 살아가는 아이들이 되게 하소서. 지극히 작은 자와 함께하시는 예수님의 이름으로 기도드립니다.

아멘.

7 굶주리는 아이들에게 일용할 양식을 주소서

밥은 하늘입니다. 하늘을 혼자 못 가지듯이 밥은 서로 나눠 먹는 것입니다. −시인 김지하 −

음식은 우리의 공감대이며, 세계적인 공감대이다. −제임스비어드−

나라가 임하시오며 뜻이 하늘에서 이루어진 것 같이 땅에서도 이루어지이다 오늘 우리에게 일용할 양식을 주시옵고 (마태복음 6:10, 11)

너희는 무엇을 먹을까 무엇을 마실까 하여 구하지 말며 근심하지도 말라 (누가복음 12:29)
And do not set your heart on what you will eat or drink; do not worry about it. Luke 12:29

여호와 이레의 하나님, 이 세계엔 굶주리고 있는 아이들이 많습니다. 마실 물이 없어 오염된 물을 마시는 예도 있습니다. 가진 자들은 더 배

불러 가고, 없는 자들은 생명마저 위태롭습니다. 예수님께서는 나눔의 삶을 사셨는데 저희는 남의 것까지도 뺏으며 살아갑니다. 뼈만 앙상하게 남은 아이들 앞에서 나만 행복하게 잘 사는 게 무슨 의미가 있겠습니까. 주님께서는 가장 작은 자에게 한 것이 곧 내게 한 것이라고 말씀하셨습니다. 이 아이들을 위해 기도하며 소비도 줄여서 작은 물질이라도 보탤 수 있도록 도와주소서. 주님의 자녀들에게 일용할 양식을 내려주시고 그래서 건강하고 튼튼하게 자라나게 하소서. 이 땅 위에 굶어 죽는 일이 생기지 않도록 모두가 깨어 나눔의 삶을 살게 하소서.

하나님, 우리 자녀들이 건강했으면 좋겠습니다. 상상하기도 싫지만, 자녀들이 부모보다 먼저 죽는다면 얼마나 슬픈 일인가요. 그런 일이 없도록 우리 자녀들을 지켜 보호하여 주소서.

운동도 열심히 하고 하나님을 찬양하며 기쁘고, 씩씩하게 자라나게 하소서. 키가 자라며 지혜가 자라게 하소서. 건강한 정신과 육체를 허락하여 주소서. 부모의 바람은 이렇지만, 혹시라도 병에 걸려 아픈 일이 생긴다면 범사에 감사하는 신앙을 허락하여 주소서. 건강하지 못한 일이 생긴다 할지라도 하나님을 찬양하게 하시고 더욱 열심히 성경을 읽고 기도하게 하소서. 건강은 잃을지언정 믿음은 잃지 않게 하소서. 오병이어로 많은 사람을 먹이신 예수님의 이름으로 기도드립니다.

아멘.

8 주님의 평화가 가득한 가정이 되게 하소서

나와 하나님 사이에 완고한 죄의 그림자를 드리우고 결코 평안히 살 수가 없다. —C.W. 엘리엇—

당신의 온 마음과 뜻과 정성을 다하여 살아계신 하나님은 의지하라. 그리하면 평안(平安)이 찾아올것이다. —무디—

이르되 찬송하리로다 주의 이름으로 오시는 왕이여 하늘에는 평화요 가장 높은 곳에는 영광이로다 하니 (누가복음 19:38)

주의 법을 사랑하는 자에게는 큰 평안이 있으니 그들에게 장애물이 없으리이다 (시편 119:165)
Great peace have they who love your law, and nothing can make them stumble. Psalms (119:165)

전능하신 하나님, 형제자매 없이 혼자 심심하게 지내는 아이들이 있습니다. 그들에게 좋은 친구를 허락하여 주소서. 형제자매가 있다면 싸우지 않고 사이좋게 지낼 수 있도록 도와주소서. 먼저 양보할 줄 알게 하시고 어려울 때 서로 도와줄 줄 알게 하소서. 내 형제요 자매입니다. 무엇을 손해 본다는 생각을 버리게 하시고 나누면 나눌수록 더욱더 풍요로워지는 그리스도의 사랑을 체험하게 하소서. 요즘엔 부모의 유산 때문에 형제지간에 싸우는 일도 있고 심지어 법정까지 가는 경우까지 있습니다. 우리가 어릴 때부터 그리스도의 나눔의 정신을 배워 이런 비참한 일을 겪지 않도록 도와주소서. 내 형제자매뿐 아니라 세상의 모든 형제자매를 가족으로 여길 줄 아는 주님의 자녀들이 되게 하소서. 모든 형제자매를 위해 기도할 줄 알게 하시고 작은 물질이라도 베풀며 살아가게 하소서.

하나님, 부부싸움은 칼로 물 베기란 말이 있지

만, 부부싸움이 아이에게 미치는 영향은 지옥
과도 같습니다. 부부끼리 소리를 지르고 폭행
을 가한다면 그것을 본 아이들의 마음은 무너
지고 또 그런 행위를 자기도 모르게 배우게 됩
니다. 부모의 싸움으로 상처받은 자녀들의 놀
란 마음을 싸매어 주시고 위로하여 주소서. 아
무리 싸울 일이 있더라도 아이 앞에서만은 싸
우지 않게 도와주소서. 참고 인내하게 하소서.
아이들을 위해서라도 부부간에 사이좋게 지내
게 하시고 서로를 존중하는 말을 하게 하소서.
부모가 주는 아늑함으로 가득 차길 원합니다.
주님의 평화와 사랑이 가득한 가정이 되게 하
소서. 사랑으로 사신 예수님의 이름으로 기도
드립니다. 아멘.

9 자립정신을
허락하여 주소서

자신이 좋아하는 일을 할 것, 독립성, 근면함, 배우는 자세가 성공의 지름길이다.
－베르톨트 올자머－

지난 세기 우리는 '대한독립만세'를 외쳤다. 하지만 21세기 우리는 '개인독립만세'를 외친다.
－김지룡－

너희는 스스로 씻으며 스스로 깨끗하게 하여 내 목전에서 너희 악한 행실을 버리며 행악을 그치고 (이사야 1:16)

성실히 행하는 자는 구원을 얻을 것이나 사곡히 행하는 자는 곧 넘어지리라 (잠언 28:18)
He whose walk is blameless is kept safe, but he whose ways are perverse will suddenly fall. (Proverbs 28:18)

거룩하신 하나님, 나이가 들어서도 부모를 의지하며 살아가는 자녀들이 많습니다. 결혼해서도 정신적으로나 경제적으로 독립하지 못하고 살아갑니다. 평생 부모의 도움으로 살아가려고 합니다. 우리의 자녀들에게 자립정신을 허락하여 주소서. 스스로 생각하고 판단할 수 있도록 분별력을 주시고, 이 험한 세상을 살아갈 때 오직 주님만 의지하며 살아가게 하소서. 사람을 의지하며 살아가는 것이 얼마나 불안하고 어리석은 일인지 알게 하소서. 우리의 미래를 책임져 주시는 하나님만 의지하게 하소서. 하나님을 의지할 때 하나님께서 우리에게 가장 좋은 것을 주실 줄 믿습니다. 하나님을 의지하며 자기가 맡은 일에 최선을 다하게 하시고, 많은 경험을 쌓아 그 어떤 일 앞에서도 겁내지 않고 능숙하게 문제를 해결할 수 있도록 도와주소서. 주님이 함께하시면 실패 또한 승리의 밑거름 될 줄 믿습니다.

하나님, 잔소리하면 자녀와의 관계가 멀어지는 걸 알면서도 자꾸만 하게 됩니다. 한 번만 말하면 될 것을 계속 반복해서 말합니다. 말이나 표정에서도 무시하듯 말합니다. 저희 부모도 예수님의 사랑을 갖길 원합니다. 잘되라고 하는 말이지만 자녀에게 함부로 말해 상처가 되었습니다. 용서하여 주소서. 내 자녀이기 전에 하나님의 자녀임을 알게 하소서. 말이 아니라 행동으로 본을 보이게 하소서. 우리의 자녀들이 온유하고 겸손하신 예수님을 닮게 하시어 하나님과 사람들에게 사랑받고 칭찬 듣는 삶을 살게 하소서. 모든 것이 합력하여 선을 이루어주실 예수님의 이름으로 기도드립니다.

아멘.

10 주님의 사랑이 가득한 결혼 생활을 하게 하소서

결혼만큼 본질적으로 자기 자신의 행복이 걸려 있는 것은 없다. 결혼 생활은 참다운 뜻에서 연애의 시작이다. —괴테—

네 샘으로 복되게 하라 네가 젊어서 취한 아내를 즐거워하라 그는 사랑스러운 암사슴 같고 아름다운 암노루 같으니 너는 그의 품을 항상 족하게 여기며 그의 사랑을 항상 연모하라 (잠언 5:18, 19)

모든 사람은 결혼을 귀히 여기고 침소를 더럽히지 않게 하라 음행하는 자들과 간음하는 자들을 하나님이 심판하시리라 (히브리서 13:4)
Marriage should be honored by all, and the marriage bed kept pure, for God will judge the adulterer and all the sexually immoral. (Hebrews 13:4)

사랑의 하나님, 우리의 자녀도 언젠가 결혼을 하게 될 것입니다. 사랑하는 사람과 평생 동안 함께하니 얼마나 좋겠습니까. 기쁘고 즐거운 결혼 생활이 되길 원합니다. 그러기 위해선 많은 노력이 필요합니다. 먼저 하나님께 예배하는 가정이 되길 원합니다. 하나님의 사랑이 가득하길 원합니다. 하나님 중심으로 살아가는 가정이 되게 하시고 이들의 만남으로 인해 주님을 향한 믿음이 더욱 깊어지게 하소서. 또한 서로를 이해하는 부부가 되게 하소서. 각자 다른 생활을 하다가 같이 살려면 부딪히는 일이 얼마나 많겠습니까. 자신의 마음을 바꾸지 않는다면 사소한 것에서부터 큰 것까지 전부 싸울 일들뿐입니다. 진심으로 상대방을 이해할 수 있는 낮은 마음을 허락하여 주소서. 절대로 소리를 지르거나 폭력을 휘두르는 일이 없게 하시고, 마음이 안 맞아 싸웠다하더라도 자괴감에 빠지지 않게 하소서. 권위나 힘을 내세워 상대방의 기를 죽이는 행동을 하지 말게 하소서. 오늘도 권위적인 남편 밑에서 수많은 여성들이 몸과 마음에 멍이 들고 있습니다. 남편으로서 또한 가장으로서 아내를 섬길 수 있도록 도와주소서. 그리하여 웃음으로 가득한 행복한 가정이 되게 하소서.

하나님, 특히 물질로 인해 시험에 드는 일이 없게 하소서. 건강을 허락해 주셔서 열심히 일할 수 있게 하시고 그 직장을 통해 여호와 이레의 은총을 내려주소서. 남에게 돈을 빌리러 다니는 민망한 일을 겪지 않게 하시고 오히려 작은 것이라도 베풀 수 있는 삶을 살게 하소서. 항상 기뻐하며 살기를 원하시는 예수님의 이름으로 기도드립니다.

아멘.

교회생활을
위한
기도

1. 신령과 진정으로 예배하게 하소서
2. 진실한 마음으로 섬기는 삶을 살게 하소서
3. 부활의 소망에 사로잡혀 살게 하소서
4. 하나님을 찬양하게 하소서
5. 하나님의 뜻대로 기도하게 하소서
6. 예수님과의 관계가 깊어지게 하소서
7. 우리 자녀들의 입술에 사랑과 소통의 열매를 맺게 하소서
8. 하나님의 나라와 의를 구하게 하소서
9. 올바른 신앙 교육을 하게 하소서
10. 상처를 주지도 받지도 않는 주님의 자녀가 되게 하소서

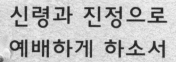

1 신령과 진정으로 예배하게 하소서

참된 예배란 어찌할 수 없을 만큼 하나님과 깊은 사랑에 빠지는 것이다. 하나님의 사랑을 경험한 사람이 하나님을 사랑하는 그 사랑을 다른 대상으로 옮긴다는 것은 생각할 수도 없는 일이다.

-토저(목사이자 기독교작가)-

예수께서 대답하시되 첫째는 이것이니 이스라엘아 들으라 주 곧 우리 하나님은 유일한 주시라. 네 마음을 다하고 목숨을 다하고 뜻을 다하고 힘을 다하여 주 너의 하나님을 사랑하라 하신 것이요 (마태복음 29, 30)

하나님은 영이시니 예배하는 자가 영과 진리로 예배할지니라 (요한복음 4:24)
God is spirit, and his worshipers must worship in spirit and in truth. (John 4:24)

예배받기에 합당하신 하나님, 우리 자녀들이 하나님께 예배하는 것을 가장 최우선으로 생각하게 하소서. 하나님을 만나고 찬양하는 것보다 더 중요한 일이 어디 있겠습니까. 그런데 그런 마음을 지키기에는 유혹이 너무 많습니다. 주일 예배 시간에 하필 재미있는 TV 프로그램이 나오고 친구와의 약속도 생깁니다. 그런 일들을 잘 이겨낼 수 있도록 도와주소서. 주일을 지키는 대신 취미활동이나 여행을 떠나는 사람들이 많습니다. 그러나 그 끝은 공허감뿐임을 알게 하소서. 오직 하나님을 예배하는 것만이 참된 영혼의 만족이 있습니다. 그 어떤 일 앞에서도 하나님을 가장 우선순위에 두게 하시고 다른 무엇과도 비교할 수 없을 만큼 예배를 소중히 여기게 하소서.

하나님, 나를 기쁘게 하기 위한 예배가 아니라, 하나님의 마음을 기쁘게 하기 위한 예배가 되게 하소서. 우리는 나 자신이 위로받고 은혜받는 것에 예배의 초점을 놓는 경우가 많습니다.

이런 인간적인 행위들을 버리게 하시고 오직 이 세상을 창조하신 하나님, 십자가에 달리시고 부활하신 예수님, 우리와 함께하시는 성령님께만 영광 돌리는 예배가 되게 하여 주소서. 예배를 통하여 살아계신 하나님을 만나게 하시고 하나님의 나라를 미리 체험하는 시간이 되게 하여 주소서. 세상의 모든 걱정 근심을 하나님께 맡기고 예수 그리스도에게만 집중하게 하소서. 예배하는 자를 찾으시는 예수님의 이름으로 기도드립니다.

아멘.

2 진실한 마음으로
섬기는 삶을 살게 하소서

모든 인간의 사명은 남을 위해서 봉사한다는 것이
다. -톨스토이-

남을 위해 봉사하는 것으로 자기 역량을 알 수 있
다. -입센-

인자가 온 것은 섬김을 받으려 함이 아니라 도리어
섬기려 하고 자기 목숨을 많은 사람의 대속물로 주
려 함이니라 (마태복음 20:28)

무슨 일을 하든지 마음을 다하여 주께 하듯 하고
사람에게 하듯 하지 말라 (골로새서 3:23)
Whatever you do, work at it with all your
heart, as working for the Lord, not for men.
(Colossians 3:23)

섬김의 삶을 보여주신 하나님, 우리 자녀가 봉
사하는 삶을 살게 하소서. 주님께서는 이 땅에
서 섬기는 삶을 사셨습니다. 우리 자녀도 그리

스도의 삶을 본받아 봉사하며 살게 하소서. 봉사하는 것은 단순히 남을 위할 뿐만 아니라 나 자신의 믿음이 굳세어지는 발판이 됨을 알게 하소서. 봉사를 통하여 마음의 기쁨을 얻게 하시고 삶의 의미를 깨닫게 하소서. 봉사하면서 남에게 보이기 위함이 아니라 하나님 앞에 은밀히 봉사하게 하소서. 하나님께서는 은밀한 곳에서 봉사할 때 상주시마 약속하셨습니다. 하지만 우리는 사람들에게 인정받기 위해 봉사하는 경우가 많습니다. 사람들에게 보이기 위해 봉사하다 보니 남이 알아주지 않거나 자기처럼 열심히 하지 않으면 짜증을 내고 남을 욕하게 됩니다. 이런 인간적인 마음들이 사라지게 하시고 오직 하나님 앞에 섬기는 삶을 살게 하소서. 사랑 없이 행하는 봉사는 울리는 꽹과리와 같음을 알게 하소서.

하나님, 교회생활이 짐이 되는 경우가 많습니

다. 많은 행사에 모임까지 있습니다. 행사가 많이 참여하는 걸 신앙생활을 열심히 하는 거로 생각하기도 합니다. 사이비 이단들도 열정이 있는걸 보면 열정과 신앙이 늘 일치하는 것이 아님을 알 수 있습니다. 교회생활을 게을리하는 것도 문제지만 너무 많은 일로 부담을 느끼는 것도 역시 문제입니다. 자녀들의 모든 짐을 하나님께 맡기게 하시고 하나님 품 안에서 참된 안식을 누리게 하소서. 무엇보다 행복한 신앙생활이 되길 원합니다. 참된 안식을 주신 예수님의 이름으로 기도드립니다.

아멘.

3 부활의 소망에 사로잡혀 살게 하소서

예수님은 부활하셨으며 예수님의 복음은 아직도 살아 역사하고 있다. -Carla Del Ponte-

부활의 복음을 들은 사람은 더 이상 비관적인 얼굴을 하고 돌아다닐 수 없으며 희망이 없이 유머 없는 삶을 영위할 수 없다. -Karl Barth -

선한 일을 행한 자는 생명의 부활로, 악한 일을 행한 자는 심판의 부활로 나오리라 (요한복음 5:29)

그들이 기다리는 바 하나님께 향한 소망을 나도 가졌으니 곧 의인과 악인의 부활이 있으리라 함이니이다 (사도행전 24:15)
and I have the same hope in God as these men, that there will be a resurrection of both the righteous and the wicked. (Acts 24:15)

부활의 하나님, 모든 인간은 죽습니다. 사고나 병으로 갑자기 죽기도 하고 천수를 다 누린

다 하더라도 인간은 결국 죽습니다. 이 죽음을 누가 피할 수 있겠습니까. 우리가 겪어보지 못한 죽음의 세계는 너무나 무섭고 두렵습니다. 하지만 하나님께서는 죽음의 두려움에 빠져 살지 말고 더 강력한 힘에 사로잡혀 살라고 하셨습니다. 그것은 부활입니다. 죽음을 이기시고 부활하신 예수님의 참된 생명을 바라보게 하소서. 씨앗이 죽어 꽃과 나무로 자라나듯 우리의 육체도 썩는 것으로 끝나는 것이 아니라 부활의 열매를 맺을 줄 믿습니다. 우리 자녀들에게 부활의 신앙을 허락하여 주소서. 이 세상 그 무엇으로 우리의 공허함을 채울 수 있겠습니까. 오직 예수 그리스도의 부활밖에는 없사오니 부활의 기쁨으로 충만하여 이 세상을 살아가게 하소서.

하나님, 당신께선 우리에게 기뻐할 수 있는 이유를 주셨습니다. 주님이 우리의 생명과 부활이 되기 때문입니다. 사실 현실은 어렵습니다. 못생겼고 공부도 못하고 가난하고 인기도 없고 하는 일도 잘 안됩니다. 그 누가 아무리 긍정적으로 말해도 사는 건 역시 힘듭니다. 그래서 우울해집니다. 하지만 주님이 죽음을 이기고 부활하셨고 예수님을 믿는 우리도 주님과 같이 부활할 줄 믿습니다. 이 기쁜 소식 앞에 우리가 어떻게 우울함에 빠져 살수만 있겠습니까. 슬픔이 변하여 축제가 되게 하시고 기쁨으로 주님을 찬양하게 하소서. 부활의 소망을 주신 예수님의 이름으로 기도드립니다.

아멘.

4 하나님을 찬양하게 하소서

찬양이란 유일하게 이 땅의 일들 중에서 하늘나라 까지 계속해서 전달되는 것이다. -브렝글-

찬양은 믿는 자의 가슴에 파놓은 고랑이다. 이를 통해 하나님 영광의 물줄기가 흐른다. -핸슨-

나의 하나님이여 내가 또 비파로 주를 찬양하며 주의 성실을 찬양하리이다 이스라엘의 거룩하신 주여 내가 수금으로 주를 찬양하리이다 (시편 71:22)

호흡이 있는 자마다 여호와를 찬양할지어다 할렐루 야 (시편 150:6)
Let everything that has breath praise the LORD. Praise the LORD. (Psalms 150:6)

찬양받기에 합당하신 하나님, 우리의 자녀들이 하나님을 진심으로 찬양하길 원합니다. 우리가 이 땅에 존재하는 이유도 살아계신 하나님을 찬양하기 위함이 아닌지요. 하나님을 찬양할 때 삶의 의미가 있음을 고백합니다. 나 자신은 철저히 축소시키게 하시고 오직 주님의 영광만을 찬양하게 하소서. 약할 때 우리의 강함이 되어주시는 하나님을 찬양하며 살게 하시고 그리 아니하실지라도 주님을 찬양하게 하소서. 우리의 삶 자체가 하나님께 드려지는 찬양이 되게 하소서. 사람들은 이 세상을 살며 늘 원망하며 불평합니다. 감사라고는 찾아볼 수가 없습니다. 우리의 자녀들은 세상의 풍습을 따르지 말게 하시고 하나님께 감사하고 찬양하는 삶을 살게 하소서.

하나님, 우리 자녀들의 입술에 늘 찬양과 감사가 있게 하셔서 이 힘들고 지친 세상을 믿음으로 이겨내게 하소서. 세계는 지금 각종 질병과 바이러스로 죽음에 직면해 있습니다. 우리가 할 수 있는 것은 오직 생명의 근원되시는 하나님을 찬양하는 것이오니 찬양의 사명을 잘 감당케 하소서. 우리 자녀들이 어떠한 상황 속에서도 살아계신 하나님께 찬양하게 하소서. 우리를 죽음에서 구원하신 예수님의 이름으로 기도드립니다.

아멘.

5 하나님의 뜻대로
기도하게 하소서

오늘날 교회에 절실한 것은 성령님이 사용하시는
기도의 사람, 기도의 용사들이다.
-E. M. 바운즈-

나는 1만 명의 군대 보다 존 낙스 한 사람의 기도
를 더 두려워한다. - 메리 여왕 -

……그가 항상 너희를 위하여 애써 기도하여 너희
로 하나님의 모든 뜻 가운데서 완전하고 확신 있게
서기를 구하나니 (골로새서 4:12)

그는 하나님께 기도하므로 하나님이 은혜를 베푸
사 그로 말미암아 기뻐 외치며 하나님의 얼굴을 보
게 하시고 사람에게 그의 공의를 회복시키시느니라
(욥기 33:26)
He prays to God and finds favor with him,
he sees God's face and shouts for joy; he is
restored by God to his righteous state. (Job
33:26)

기도에 응답하시는 하나님, 우리가 숨을 쉬어야 살 수 있듯이 하나님과의 대화를 멈추고 살 수는 없습니다. 우리의 자녀들이 열심히 공부하며 동시에 기도 생활을 게을리하지 않도록 도와주소서. 우리는 기도가 무엇인지 모를 때가 많습니다. 그저 자신의 욕망을 이룰 수 있는 요술 램프와 같지는 않은지요. 자기의 뜻을 이루기 위해 하나님을 이용하지 말게 하시며 오직 주님의 뜻대로 기도할 수 있도록 성령님 인도하여 주소서. 어린아이가 불량 식품 사달라는 식으로 떼쓰면 하나님이 다 들어주실까요? 자기 뜻이 이루어진다고 해서 자기 영혼이 풍요로워지는 건 아니라는 것을 알게 하소서. 우리는 우리 자신에게 무엇이 가장 좋은 일인지 잘 모르는 존재들입니다. 기도가 자신의 소원 성취 수단이 되지 않게 하소서. 예수님을 성공의 수단으로 이용하는 것은, 십자가의 고난을 거부한다는 증거라고 생각합니다. 기도를 많이 하는 성도일수록 자기 정당성이 강해지는 모습들도 보게 됩니다. 자신의 뜻은 철저히 축소하고 오직 하나님의 뜻만이 이루어지기를 구하게 하소서.

예수님께선 부족한 우리를 위해 주기도를 가르쳐주셨습니다. 주기도에 담긴 기도의 진정한 의미를 알게 하여 주시고 어느 상황이든 주님께서 가르쳐주신 기도대로 하나님께 구할 수 있도록 도와주소서. 무엇이 내 욕심이고 무엇이 하나님이 원하시는 것인지 분별할 수 있도록 하시고 그리하여 기도에 응답하시는 하나님의 능력을 체험케 하소서. 우리에게 참 기도를 가르쳐주신 예수님의 이름으로 기도드립니다. 아멘.

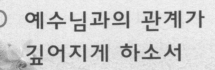

6 예수님과의 관계가
깊어지게 하소서

하나님과 상관없이 행하는 모든 행실이 죽은 행실
이다. 모든 기도, 모든 가르침, 모든 증거, 심지어
희생적인 행위마저. −오스왈드 챔버스 −

그리스도 없이 나는 물을 떠난 물고기지만 그리스
도와 같이 있다면 나는 사랑의 바다에 잠겨 있소.
−선다싱−

우리가 항상 예수의 죽음을 몸에 짊어짐은 예수의
생명이 또한 우리 몸에 나타나게 하려 함이라 (고린
도후서 4:10)

성령이 친히 우리의 영과 더불어 우리가 하나님의
자녀인 것을 증언하시나니 (로마서 8:16)
The Spirit himself testifies with our spirit that we
are God's children. (Romans 8:16)

경배받기에 합당하신 하나님, 우리 자녀들이
예수님을 만나길 원합니다. 예수님을 사랑하길

원합니다. 예수님과의 관계가 깊어지길 원합니다. 우리는 예수님의 손을 놓을 때가 있지만 주님은 우리의 손을 놓지 않으십니다. 언제나 변함없으신 주님과 같이 우리 자녀들도 주님을 언제나 사랑하게 하소서. 예수님께 집중할 때 공부도 그 밖의 모든 일상생활도 집중할 수 있다는 걸 알게 하소서. 큰 바위는 태풍이 와도 흔들리지 않습니다. 우리 자녀들에게 반석 위의 믿음을 주셔서 이 세상의 고통 앞에서도 흔들림 없이 주를 의지하게 하소서. 저희는 성경도 하나님의 능력도 알지 못하므로 하나님의 뜻을 오해하는 경우가 많습니다. 저희를 불쌍히 여겨주소서. 우주와 바닷속, 아니 우리의 몸 안에 있는 세포와 조직들도 모르면서 우주 만물을 창조하신 하나님에 대해 다 아는 것처럼 행세하는 교만함을 꺾어주시고 무릎 꿇고 머리 숙여 주님 앞에 나아가게 하소서.

하나님, 오늘날엔 행복한 얼굴을 보기 어렵습니다. 모두 미래에 대한 불안과 외로움을 잊기 위해 친구를 만나고 스마트폰에 열중하며, 외롭지 않은 것처럼 보이려고 매우 애를 쓰며 살아갑니다. 혼자라는 우울함을 달래기 위해 일부 사람들은 쇼핑이나 취미에 광적으로 빠져들거나 혹은 자녀에게 집착합니다. 좋은 요건이나 돈이 없으면, 그것도 충분할 정도로 소유하지 않으면 인간답게 살지 못하는 줄 압니다. 우리를 불쌍히 여겨주시고 참된 만족 주시는 예수 그리스도께 집중하게 하소서. 길이고 진리고 생명이신 예수님의 이름으로 기도드립니다. 아멘.

7 우리 자녀들의 입술에 사랑과 소통의 열매를 맺게 하소서

올바른 말을 선택하면 상황에 따른 상대방의 반작용을 실질적으로 감소시킬 수 있다.
– 데이비드 J. 리버만 –

많은 불행은 난처한 일과 말하지 않은 채로 남겨진 일 때문에 생긴다. –F. 도스토프 예프스키–

그러므로 우리는 예수로 말미암아 항상 찬송의 제사를 하나님께 드리자 이는 그 이름을 증언하는 입술의 열매니라 히브리서 13:15

사람은 입에서 나오는 열매로 말미암아 배부르게 되나니 곧 그의 입술에서 나는 것으로 말미암아 만족하게 되느니라 잠언 18:20
From the fruit of his mouth a man's stomach is filled; with the harvest from his lips he is satisfied. Proverbs 18:20

복의 근원이신 하나님, 자녀들은 부모의 영향을 받습니다. 그러기에 모든 행동에 조심하며 특별히 입조심을 할 수 있도록 도와주소서. 아빠·엄마가 아이 앞에서 아무렇지도 않게 남을 욕한다면 그것을 듣는 아이 역시 남을 욕하며 살게 될 것입니다. '그 권사가 어떻고, 그 목사가 좀 그렇다'라는 식으로 얘기를 한다면 그 아이의 마음속에 선생님과 목사님이 어떻게 그려질까요? 미움과 불신으로 아이의 영혼은 어두워질 것입니다. 어쩔 수 없는 인간의 한계가 있기에 다른 사람 얘기를 안 하며 살 수 없겠지만, 아이 앞에서만은 다른 사람을 칭찬하고 존경하는 말을 할 수 있도록 도와주소서. 그리하여 우리 자녀들의 입술에 사랑과 감사의 열매를 맺게 하여 주소서. 우리 부모들의 혀를 주님께서 다스려 주소서.

하나님, 우리 자녀들에게 소통의 능력을 허락

하여 주소서. 중간의 막힌 담을 허물고 서로 하나 되게 만드는 것이 소통이라고 생각합니다. 이것은 성령의 역사로만 가능한 일입니다. 가진 자와 없는 자 사이의 단절, 남과 북의 단절, 동과 서의 단절, 세대 간의 단절 등을 허무는 것이 바로 소통이 아닐까요? 무엇보다 하나님과 인간을 화해 시켜 주시고 대화할 수 있게 다리를 놓아주신 예수님이야말로 진정한 소통을 우리에게 보여주셨습니다. 자녀들도 예수님처럼 세상 모든 사람들에게 예수가 그리스도라는 사실을 전할 수 있는 소통의 능력을 허락하여 주소서. 인간들과 복음의 소통을 이루어 가시는 예수님의 이름으로 기도드립니다.
아멘.

8 하나님의 나라와 의를 구하게 하소서

주님의 이름으로 구하는 것은 주님의 손에 이끌려 기도하는 것이다. -새뮤얼 리다우트-

하나님이 하실 수 있는 일은 무엇이든 믿음으로 할 수 있다. -A.W. 토저-

그런즉 너희는 먼저 그의 나라와 그의 의를 구하라 그리하면 이 모든 것을 너희에게 더하시리라 (마태 복음 6:33)

누구든지 예수를 하나님의 아들이라 시인하면 하나님이 그의 안에 거하시고 그도 하나님 안에 거하느니라 (요한1서 4:15)
 If anyone acknowledges that Jesus is the Son of God, God lives in him and he in God. 1 John 4:15

우리와 함께하시는 하나님, 입시철이 되면 교회마다 공식적으로 수능을 위한 100일 기도,

40일 기도, 새벽 기도 등을 하고 있습니다. 어느 교회의 홈페이지 앞면에는 '시험 잘 보길 원하는 학부모는 기도회에 참석하시오'라는 문구를 적어놓았습니다. 고3이 있는 교회라면 수능 시험자 명단을 주보에 올리고, 심지어는 현수막을 내걸기도 합니다. 자녀를 사랑한다는 명목하에 부모의 욕심을 기도회라는 이름으로 변질시킨 건 아닐까요? 바울은 그리스도를 만난 뒤 세상의 자랑거리들을 배설물로 여겼다고 고백했습니다. 한국 교회는 지금 바울이 배설물로 여긴 것들을 목표로 세우고 기도하고 있습니다. 대학에 가지 않는 아이들이 교회 안에서 겪어야 하는 소외감과 자괴감을 생각하면 너무나 마음이 아픕니다. 교회가 더는 성공과 출세라는 우상을 섬기지 말게 하시고 오직 십자가의 길을 걸어가신 예수 그리스도만을 섬기게 하소서.

하나님, 우리의 기도가 넓어지게 하소서. 저 북한 땅과 동남아시아의 절대 빈곤 가운데 있는 자들을 위해 기도하게 하소서. 우리는 나와 내 가족과 내 교회만이 아니라 이웃과 세계가 있다는 걸 기억하게 하소서. 그들은 기근과 질병과 배고픔으로 죽어 가는데, 내 자식이 잘되는 것에만 빠져있다면 어찌 그리스도인이라고 할 수 있겠습니까? 그의 나라와 의를 구할 줄 알게 하소서. 바리새인의 기도는 듣지 않으시고 세리의 기도는 들으신 예수님의 이름으로 기도드립니다.

아멘.

9 올바른 신앙 교육을 하게 하소서

우리가 하나님과 함께 있지 않고서 어떻게 그분께 기도할 수 있겠는가. –니콜라스 헤르만–

그리스도를 닮는 것이 그리스도인이 되는 길이다. –윌리엄 펜–

이는 네 속에 거짓이 없는 믿음이 있음을 생각함이라 이 믿음은 먼저 네 외조모 로이스와 네 어머니 유니게 속에 있더니 네 속에도 있는 줄을 확신하노라 (디모데후서 1:5)

모든 성경은 하나님의 감동으로 된 것으로 교훈과 책망과 바르게 함과 의로 교육하기에 유익하니 (디모데후서 3:16)

All Scripture is God-breathed and is useful for teaching, rebuking, correcting and training in righteousness. (2 Timothy 3:16)

본을 보여주신 하나님, 자녀가 말을 듣지 않거나 거짓말을 할 때 회초리를 들어도 되는지요? 잠언에는 사랑한다면 매를 들라하였고, 예수님의 삶을 보면 그 어떤 폭력도 합리화될 수 없음을 알게 됩니다. 따끔하게 혼내는 게 좋을까요? 달래는 게 좋을까요? 부모들에게 지혜를 주소서. 자녀를 대할 때 우리와 동등한 인격체임을 알게 하소서. 세상 일이 자기마음대로 되는 게 얼마나 있겠습니까. 자녀 문제는 더욱 그러합니다. 자유롭게 키워도 잘 자라는 아이가 있고 철저한 가정 교육 속에서도 어긋나게 자라는 아이가 있으니 말입니다. 우리 자녀들을 하나님께 맡깁니다. 자녀 스스로가 하나님의 말씀을 깨닫고 주님께 마음의 문을 활짝 열기 원합니다. 성령님, 우리 자녀들의 마음을 열어주소서. 다른 사람의 말에 귀 기울일 줄 알게 하시고 거짓이 없게 하소서. 하나님 앞에 고집부리지 않고 언제나 순종하게 하소서.

하나님, 우리 자녀들이 진심으로 주님을 사랑하길 원합니다. 우리들이 자녀들에게 물려줄 수 있는 건 돈도 아니고 땅도 아닙니다. 그런 것을 많이 물려주면 물려줄수록 아이는 더욱 교만하고 삐딱하게 자라나기 쉽습니다. 우리는 오직 신앙만을 물려주게 하소서. 주님의 몸된 교회를 위해서 충성하고 봉사하는 모습을 물려주게 하소서. 성경말씀을 깨닫길 원하는 마음을 물려주길 원합니다. 그리하여 죽도록 주님께 충성하는 자녀들이 되게 하소서. 우리를 대신하여 매를 맞으신 예수님의 이름으로 기도드립니다.

아멘.

10 상처를 주지도 받지도 않는 온전한 주님의 자녀가 되게 하소서

어떤 상처가 시간의 경과없이 완치되는가?
– 세익스피어–

소인들은 사소한 것 때문에 수많은 상처를 입는다. 그러나 위대한 사람들은 사소한 것을 다 이해하기 때문에 상처를 입지 않는다.
–프란코이스 로체포우콜드–

어머니가 자식을 위로함 같이 내가 너희를 위로할 것인즉 너희가 예루살렘에서 위로를 받으리니 (이사야 66:13)

너희의 하나님이 이르시되 너희는 위로하라 내 백성을 위로하라 (이사야 40:1)
Comfort, comfort my people, says your God.
(Isaiah 40:1)

우리를 위로하시는 하나님, 우리는 교회생활을 하면서도 상처를 주기도 하고 상처를 받기도 합니다. 교회에서 받은 상처 때문에 믿음 생활을 하지 않는 사람들도 종종 있습니다. 항상 말조심하게 하시고 농담이라도 다른 친구들의 마음을 아프게 하지 않게 하소서. 사람들로부터 비난과 책망을 들었을 때 상대방을 미워하기보다 우선 자기 자신을 돌아보게 하소서. 그들의 힐난에 민감하게 반응하는 나 자신이 어떤 문제가 있는 건 아닐까요? 사람들의 평가에 집중하기보다 하나님의 말씀 앞에 온전히 서 있길 원합니다. 우리의 자녀들이 쉽게 상처받지 않는 자가 되길 원합니다. 인간관계뿐만 아니라 좋은 학교, 좋은 직장, 결혼 등으로 상처받지 않게 하소서. 가난한 것에 상처받지 않게 하시고 우리의 본향을 기억하게 하소서. 하나님께서 우리와 함께하시는데, 하나님이 우리의 주님이 되어 주시는데 무엇이 그리 상처가 되고 아픔이 될 수 있겠습니까. 상처를 주지도 받지도 않는 온전한 주님의 자녀가 되게 하소서.

여호와를 경외하며 그의 계명을 크게 즐거워하는 자는 복이 있다고 하였습니다. 그런 사람은 영원히 흔들리지 아니한다고 말씀하셨습니다. 그런데 교회에 다니고 신앙생활을 열심히 해도 마음이 흔들릴 때가 많습니다. 작은 일에도 상처받고 매일 아슬아슬하게 살아가는 것이 우리 인생인 것 같습니다. 우리를 불쌍히 여겨 주시고 하나님 나라에 온전히 사로잡혀 살아가게 하소서. 하나님의 나라에 집중하신 예수님의 이름으로 기도드립니다.

아멘.

내면을
위한
기도

1. 진실하게 살아 하나님 앞에 부끄러움을 당하지 않게 하소서
2. 외로움으로 인해 오히려 하나님을 간절히 찾고 의지하게 하소서
3. 두려움을 이기게 하소서
4. 미움 대신 사랑을 허락하소서
5. 화내지 않고 온유함으로 살게 하소서
6. 세상의 쓸데없는 것을 자랑하지 말게 하소서
7. 유일하신 하나님만을 섬기게 하소서
8. 이별의 아픔이 믿음으로 영적으로 승화되게 하소서
9. 하나님이 우리를 지켜주심을 알게 하소서
10. 아무 염려 말고 자녀들의 시선이 하나님을 향하게 하소서

1 진실하게 살아 하나님 앞에 부끄러움을 당하지 않게 하소서

오래가는 행복은 정직한 것에서만 발견할 수 있다. —리히텐베르크—

너의 정직은 종교나 정책에 기초해서는 안된다. 너의 종교와 정책이 정직에 기초해야만 한다. —J. 러스킨—

정직한 자의 공의는 자기를 건지려니와 사악한 자는 자기의 악에 잡히리라 (잠언 11:6)

그런즉 너희는 먼저 그의 나라와 그의 의를 구하라 그리하면 이 모든 것을 너희에게 더하시리라 (마태복음 6:33)

But seek first his kingdom and his righteousness, and all these things will be given to you as well. Matthew 6:33

공의로우신 하나님, 우리는 누가 가르쳐주지도 않았는데 거짓말을 왜 이리 잘할까요? 당장 눈앞에 있는 위기를 모면하기 위해 남을 속이고 하나님을 속이려 합니다. 우리를 불쌍히 여겨 주소서. 우리의 자녀들이 진실하길 원합니다. 호기심이라도 남의 것을 탐내지 말게 하시고, 어떤 거짓말이라도 하지 않도록 성령님 인도하여 주소서. 왜냐하면, 아무리 감추려 해도 진실은 언젠가 드러나기 때문입니다. 하나님과 사람 앞에 진실하게 살아 부끄러움을 당하지 않게 하소서. 세상은 거짓된 평화와 선전으로 우리 자녀들을 속이려 합니다. 많은 무기와 무장한 군인이 있으면 평화를 유지할 수 있다고 합니다. 많은 것을 소유하면 평화롭게 살 수 있다고 합니다. 이런 거짓된 환상에 속지 않게 하소서. 거짓된 평화와 선전에 저항할 수 있게 하시고 오직 주님만이 우리의 참된 평화와 생명이 되어 주십니다.

하나님을 믿고 살면 당신께서 우리 자녀들에게 가장 좋은 것으로 채워주실 줄 믿습니다. 주님이 함께하시므로 부족함이 없습니다. 어떠한 삶의 자리에 있더라도 주님 한 분만으로 만족합니다. 주님 외에 무엇이 더 필요하겠습니까. 많은 소유물은 나그넷길의 짐이 될 뿐입니다. 모든 것을 주님께 맡기고 진실한 모습으로 살아 하나님 앞에 부끄러움을 당하지 않도록 도와주소서. 시험을 이기신 예수님의 이름으로 기도드립니다.

아멘.

2 외로움으로 인해 오히려 하나님을 간절히 찾고 의지하게 하소서

'외로움'이란 혼자 있는 고통을 표현하기 위한 말이고, '고독'이란 혼자 있는 즐거움을 표현하기 위한 말이다. −폴 틸리히−

인간은 사회에서 어떠한 사물을 배울 수 있을 것이다. 그러나 영감은 오직 고독에서만 얻을 수 있다. −괴테−

주께서는 보셨나이다 주는 재앙과 원한을 감찰하시고 주의 손으로 갚으려 하시오니 외로운 자가 주를 의지하나이다 주는 벌써부터 고아를 도우시는 이시니이다 (시편 10:14)

참 과부로서 외로운 자는 하나님께 소망을 두어 주야로 항상 간구와 기도를 하거니와 (디모데전서 5:5)
The widow who is really in need and left all alone puts her hope in God and continues night

and day to pray and to ask God for help.   1
Timothy 5:5

우리와 함께하시는 하나님, 인간은 누구나 외
롭습니다. 친구들이 많아도 외롭고 돈이 많거
나 인기가 좋아도 외롭습니다. 우리는 외로움
을 잊기 위해 쇼핑을 하고 바쁘게 일하기도 하
지만 더 공허해질 뿐입니다. 하나님과 멀어진
삶은 외로울 수밖에 없습니다. 우리의 공허함
은 오직 하나님만이 채워주실 수 있습니다. 하
나님을 가까이하는 자녀들이 되게 하소서. 혼
자라고 느끼는 순간에도 우리와 함께하시는 하
나님을 바라보게 하소서. 그 외로움을 세상의
다른 것으로 채우려 하는 어리석음을 범치 말
게 하소서. 외로움으로 인해 오히려 하나님을
간절히 찾고 의지하게 하소서. 그러면 그 외로
움은 오히려 하나님의 은총이 아니겠습니까.
사람들에게 인기가 좋고 늘 어울려 다니면서도

하나님을 간절히 의지할 수 있다면 좋겠지만 그게 어디 쉬운 일이겠습니까. 인간은 외롭고 고독할 때 하나님을 더욱 간절히 찾는 것 같습니다. 우리의 자녀들에게도 외로운 시간은 반드시 있을 겁니다. 그 순간 하나님을 의지하게 하소서.

하나님, 사람들은 고통을 피하려 하다가 오히려 더 큰 고통을 만나게 됩니다. 고통과 외로움을 두려워 말게 하소서. 몸이 아프면 괴롭고, 배신을 당하면 화나고, 실패하면 슬픕니다. 하지만 외로움을 겪어보지 않은 사람이 어떻게 사랑을 말할 수 있겠으며, 배부른 사람이 어떻게 일용할 양식을 구할 수 있을까요? 고통을 피하지 말고 정면으로 부딪칠 수 있는 용기를 허락하여 주소서. 주님이 우리의 목자라는 사실을 기억하면서 말입니다. 겟세마네 동산에서 홀로 기도하셨던 예수님의 이름으로 기도드립니다. 아멘.

3 두려움을 이기게
하소서

모든 감정 중에서 가장 판단을 흐리게 하는 것은
두려움이다. −렛츠−

우리는 바다에 익사하는 것이 아니라 바다에 대한
두려움 때문에 익사한다. −J.M 싱−

너는 갑작스러운 두려움도 악인에게 닥치는 멸망
도 두려워하지 말라 대저 여호와는 네가 의지할 이
시니라 네 발을 지켜 걸리지 않게 하시리라 (잠언
3:25,26)

사랑 안에 두려움이 없고 온전한 사랑이 두려움을
내쫓나니 두려움에는 형벌이 있음이라 두려워하는
자는 사랑 안에서 온전히 이루지 못하였느니라 (요
한1서 4:18)

There is no fear in love. But perfect love drives out
fear, because fear has to do with punishment. The
one who fears is not made perfect in love. 1 John 4:18

빛 되신 하나님, 두려워하는 아이들이 많습니다. 힘도 약하고 혼자서 할 수 있는 게 적습니다. 근원적으로는 죽음이 두렵고 친구와의 단절이 두렵습니다. 시험 성적이 두렵고 아빠·엄마의 성난 목소리가 두렵기도 합니다. 우리 자녀들이 무엇으로 이 두려움을 극복할 수 있겠습니까. 사람들은 스스로 이 두려움을 극복하기 위해 애쓰지만 더욱 두려울 뿐입니다. 오직 길이요 진리요 생명이신 예수님을 믿는 것만이 두려움을 이기는 길입니다. 우리 자녀들에게 하나님을 온전히 신뢰할 수 있는 믿음을 허락하여 주소서. 그래서 죽음도 인간관계의 단절도 시험성적도 그 어떠한 힘 앞에서도 무릎 꿇지 않게 하소서.

하나님, 예수님도 우리와 똑같은 조건으로 아니 우리보다 더 큰 시험을 받으셨습니다. 나만 시험당하고 괴로운 것이 아니라 우리 주님께서도 우리의 고통과 함께하시고 있다는 사실이 얼마나 위로가 되는지 모르겠습니다. 이 얼마나 감사한 일인가요. 제가 신음하는 이 자리에 우리 주님이 같이한다는 사실 말입니다. 우리의 생명 되신 예수님을 의지하며 그 어떤 것도 두려워 말게 하소서. 자녀들의 성적이나 진로, 이성 교제나 질병으로 두려워하지 말게 하소서. 하나님은 우리의 시험을 능히 이기게 해주십니다. 하나님을 향한 믿음을 한 번도 놓지 않으신 예수님의 이름으로 기도드립니다. 아멘.

4 미움 대신 사랑을 허락하소서

남을 미워한 결과로 받게 되는 대가는 자신에 대한 사랑의 부족이다. -엘드리지 클리버-

우리가 사람을 미워하는 경우 그것은 단지 그의 모습을 빌려서 자신의 속에 있는 무엇인가를 미워하는 것이다. -헤르만 헤세-

원수를 갚지 말며 동포를 원망하지 말며 네 이웃 사랑하기를 네 자신과 같이 사랑하라 나는 여호와이니라 (레위기 19:18)

온 율법은 네 이웃 사랑하기를 네 자신 같이 하라 하신 한 말씀에서 이루어졌나니 (갈라디아서 5:14)
The entire law is summed up in a single command: "Love your neighbor as yourself." (Galatians 5:14)

귀하신 하나님, 무인도에서 혼자 사는 게 아닌 우리는 사람들과 부대끼며 살아갑니다. 그러다

누군가가 밉기도 하고 미움을 받기도 합니다. 학교에서도 미운 친구와 짝이 되어야 하는 경우가 있습니다. 되도록 멀리하고 싶은데 그러지 못하니 눈물이 나기도 합니다. 어찌할 수 없는 미운 마음을 어찌해야 할까요? 다시 주님을 의지합니다. 주님의 사랑을 구합니다. 우리 자녀에게 하나님의 크신 사랑을 부어주소서. 사랑하며 용서할 줄 아는 마음을 갖게 하소서. 미움 받을 때도 잘 참고 견딜 수 있게 하소서. 우리의 실수나 잘못으로 미움받지 말게 하시고 의를 위해 미움받을 수 있게 하소서. 주님께서는 '또 너희가 내 이름으로 말미암아 모든 사람에게 미움을 받을 것이나 견디는 자는 구원을 받으리라' 말씀하셨습니다. 견디는 자는 구원을 받는다고 하였사오니 지금의 고난에 머물러 있지 말게 하시고 장차 올 구원을 바라보게 하소서. 미움받을 때마다 미움받는 것을 견디라는 주님의 말씀을 기억하게 하소서.

하나님, 우리의 마음엔 좋은 생각보다 나쁜 생각들이 훨씬 더 많습니다. 음란과 도둑질과 살인과 간음과 탐욕과 악독과 속임과 음탕과 질투와 비방과 교만과 우매함이 있음을 고백하오니 불쌍히 여겨 주소서. 특히 사춘기 시절 미움이라는 감정에 사로잡히면 자기도 어찌하지를 못합니다. 우리 자녀들이 자기 집중에서 벗어나 하나님께 집중하게 하소서. 세상 그 누구도 자기의 소유물로 여기지 말게 하시고 더불어 어울리되 주님 앞에 홀로 설 줄 아는 자가 되게 하소서. 우리를 사랑해주시는 예수님의 이름으로 기도드립니다.

아멘.

5 화내지 않고 온유함으로 살게 하소서

가장 많이 용서하는 사람은 가장 많이 용서함을 받을 사람이다. −조시아 베일리−

분노하는 것은 타인에 대한 보복을 자기 자신에게 가하는 것이다. −포프−

이 사람 모세는 온유함이 지면의 모든 사람보다 더 하더라 (민수기 12:3)

온유한 자는 복이 있나니 그들이 땅을 기업으로 받을 것임이요 (마태복음 5:5)
Blessed are the meek, for they will inherit the earth. (Matthew 5:5)

오래 참으시는 하나님, 우리는 자기의 계획과 조금만 틀어져도 화를 냅니다. 무조건 자기가 먼저고 자기가 중심입니다. 다른 사람에 대한 깊은 이해는 온데간데없습니다. 가만히 생각

해보면 무엇이 그리 화낼 일이겠습니까. 예수
님이 우리에게 생명을 주셨는데 뭐가 그리 손
해 보는 일이 있겠습니까. 주님께서 저희를 향
해 참고 인내하듯 저희도 다른 사람들을 참고
견딜 수 있게 하소서. 참으면 살인도 면한다는
속담이 있듯이 우리의 자녀들이 온유함으로 이
세상을 살아가게 하소서. 동시에 분노해야 할
때 분노하지 못한 모습 또한 용서하여 주소서.
친구가 왕따를 당하거나 괴롭힘을 당했을 때
저항하며 함께해주지 못했습니다. 그저 눈치만
보며 강자들 앞에 침묵하며 동조했습니다. 말
하지 말아야 할 때 말하고, 말해야 할 때 말하
지 못한 우리를 용서하여 주소서. 우리 자녀가
정의롭고 용감한 자로 살길 원합니다.

하나님, 사람은 감기에 걸리듯 정신질환에 걸
리기도 합니다. 많은 것을 성취하길 요구하는
현대사회 속에서는 더욱더 그렇습니다. 주님께

서 의사들에게 치료를 잘 할 수 있는 지혜를 주시고 병에 걸린 아이들이 있다면 치료를 잘 받게 하소서. 주님께선 의사를 통해 우리를 치료하신다는 걸 알게 하소서. 그와 동시에 주님을 찾길 원합니다. 주님께선 우리에게 기뻐할 수 있는 이유를 주셨습니다. 주님이 우리의 생명 되시기 때문입니다. 이 기쁜 소식 앞에 우리가 어떻게 우울함에만 빠져 살 수 있겠습니까. 슬픔과 분노가 변하여 축제가 되게 하시고 기쁨으로 주님을 찬양하게 하소서. 항상 기뻐하라 말씀하신 예수님의 이름으로 기도드립니다. 아멘.

6 세상의 쓸데없는 것을 자랑하지 말게 하소서

모든 덕이 하늘에 오르는 사다리인데 겸손이 그
첫째 계단이다. 이 첫째 계단에 오르면 그 다음에
는 위로 올라가기가 쉬운 것이다. -어거스틴-

겸손한 사람은 모든 사람으로부터 호감을 산다.
-톨스토이-

여호와께서 이와 같이 말씀하시되 지혜로운 자는
그의 지혜를 자랑하지 말라 용사는 그의 용맹을 자
랑하지 말라 부자는 그의 부함을 자랑하지 말라
(예레미야 9:23)

내일 일을 너희가 알지 못하는도다 너희 생명이 무
엇이냐 너희는 잠깐 보이다가 없어지는 안개니라
(야고보서 4:14)
Why, you do not even know what will happen
tomorrow. What is your life? You are a mist that
appears for a little while and then vanishes.
(James 4:14)

낮은 곳에 임하신 하나님, 우리의 인격은 왜 이리도 천한지요. 별것 아닌 것도 자랑하고 나타내려 합니다. 학교를 자랑하고 집을 자랑하고 외모를 자랑하고 업적을 자랑하고 지식을 자랑하고 돈을 자랑합니다. 심지어는 없는 것까지 꾸며서 자랑합니다. 먼지같이 사라질 것들을 자랑하는 어리석은 저희를 불쌍히 여겨주소서. 자랑하면 할수록 자신이 더욱 낮아진다는 사실도 깨닫게 하소서. 침묵하며 그 무엇도 자랑하지 말게 하시고 오직 십자가에 달리신 예수 그리스도만을 자랑하게 하소서. 십자가는 약한 자리였고 죽음의 자리였지만 주님은 십자가의 죽음을 이기셨습니다. 이 신비로운 부활의 소식 외에 무엇을 자랑할 게 있겠습니까. 주께서 행하신 이 엄청난 부활의 소식만을 자랑하는 주님의 자녀들이 되게 하소서. 주님만이 우리의 구원자가 되심을 기억하게 하시어 세상의 쓸데없는 것을 자랑하지 말게 하소서.

하나님, 우리는 서로를 높여주지 못하고 무시를 하며 살 때가 많습니다. 특별히 부모에게 무시를 당하는 아이들도 있습니다. 아이들의 상한 마음을 위로하여 주소서. 우리는 주님의 자녀이기에 무시를 당한다고 해서 낮아질 존재도 아니고 약해질 존재도 아니라고 생각합니다. 그리스도 안에서 우리의 자녀들이 얼마나 귀하고 소중한 존재인지 스스로가 깨닫게 하여주소서. 온 천하보다 우리를 소중하게 여기시는 예수님의 이름으로 기도드립니다.

아멘.

7 유일하신 하나님만을
섬기게 하소서

성도에게 가장 필요한 것은 성도의 두뇌가 하나님
의 말씀에 따라 일해야 한다는 점이다.
–오스왈드 챔버스–

진리는 시스팀이 아니며 기관도 아니고 심지어 신
조도 아니다. 진리는 주 예수 그리스도 그분 뿐이
시다. –오스왈드 챔버스–

나는 여호와라 나 외에 다른 이가 없나니 나 밖에
신이 없느니라 너는 나를 알지 못하였을지라도 나
는 네 띠를 동일 것이요 (이사야 45:5)
너는 나 외에는 다른 신들을 네게 두지 말라 (출애
굽기 20:3)
You shall have no other gods before me.
(Exodus 20:3)

질투하시는 하나님, 우상인 바알은 농사의 신
이었고 풍요의 신이었습니다. 그래서 사람들은

여호와 하나님보다 생존의 문제를 해결 받으려 바알을 섬겼습니다. 지금 이 시대도 여전히 그렇습니다. 하나님보다 돈을 의지하며 살아갑니다. 돈 앞에 우정도 사랑도 무너집니다. 또 어떤 사람은 돈과 풍요의 신인 바알과 하나님을 동시에 섬기기도 합니다. 다신론에 빠졌던 이스라엘 백성처럼 말입니다. 우리의 자녀들은 바알과 하나님 사이에서 한 치의 망설임 없이 주님만을 섬기게 하소서. 유일하신 하나님만을 섬기길 원합니다. 주님의 길은 고난의 길이요, 미움 받는 길이지만 이것이 진리의 길이기에 주님과 함께하는 우리 자녀들이 되게 하소서. 우리는 무엇이 우상숭배인지 분별하지 못할 때가 많습니다. 늘 갈등하며 충돌합니다. 이것이 우리의 모습입니다. 성령님이 깨닫게 해주시고 인도하여 주셔서 늘 옳은 길만을 걷게 하소서.

하나님, 돈과 대학과 직장같이 상대적인 것들

을 절대적으로 여기지 말게 하소서. 아침 안개처럼 사라져버릴 것들을 소유하기 위해 정신없이 뛰어다니는 것만큼 불쌍한 인생도 없을 겁니다. 우리 자녀들의 마음속에 있는 복잡한 마음들을 성령님께서 정리하여 주시고 오직 하나님만을 섬기며 사랑하게 하소서. 하나님의 이름만을 찬양하며, 하나님의 이름만을 거룩히 여기며, 하나님의 이름만을 경외하게 하소서. 유일하신 하나님만이 우리의 살길입니다. 하나님께만 순종하신 예수님의 이름으로 기도드립니다.

아멘.

8 이별의 아픔이 믿음으로 영적으로 승화되게 하소서

이별의 아픔에서만이 사랑의 깊이를 알게 됩니다.
–조지 엘리엇–

당신을 만난 모든 사람이 당신과 헤어지고 난 후 그들의 삶이 더 나아지고 행복해질 수 있도록 하십시오. –마더 테레사–

또 다른 사람이 이르되 주여 내가 주를 따르겠나이 다마는 나로 먼저 내 가족을 작별하게 허락하소서 (누가복음 9:61)

형제들아 우리가 잠시 너희를 떠난 것은 얼굴이요 마음은 아니니 너희 얼굴 보기를 열정으로 더욱 힘썼노라 (데살로니가전서 2:17)
But, brothers, when we were torn away from you for a short time (in person, not in thought), out of our intense longing we made every effort to see you (1 Thessalonians 2:17)

변함없으신 하나님, 어리다고 사랑을 모르는 건 아니겠지요. 좋아하는 사람을 만나고 사귀면 참 행복할 겁니다. 안 먹어도 배부르고 그야말로 온 세상을 다 얻은 기분이겠죠. 그런데 어느 날 갑자기 상대방이 진심으로 이별을 고한다면 어떻게 해야 할까요? 하늘이 무너지는 듯한 아픔을 겪게 될 것입니다. 감수성이 예민한 사춘기에 있는 아이들의 마음을 어루만져 주소서. 죽을 것같이 아프고 괴롭더라도 티 내지 말고 깨끗이 돌아설 줄 알게 하소서. 상대방이 가장 행복할 수 있도록 배려할 줄 아는 마음의 여유를 주소서. 몸을 아무리 잡아봐야 마음은 이미 떠났는데 무슨 소용이 있겠습니까. 어렵지만 잊으며 사는 게 제일 건강한 삶이 아닐까요. 괴롭다고 자학하거나 폐인처럼 살지 않게 하소서. 더욱 소리 높여 찬양하게 하시고 더욱 힘을 내어 기도하게 하소서. 고통과 아픔들이 믿음으로 영적으로 승화되어 전보다 더 멋지고 아름답게 살게 하소서.

하나님, 사람들은 외부에서 일어나는 일에 영
향을 많이 받습니다. 그런 인생은 언제나 불안
정할 수밖에 없습니다. 사랑하는 모습만 봐도
그렇습니다. 어제는 사랑으로 그렇게 좋아하던
사람들이 오늘은 이별로 슬퍼합니다. 변하는
것에 마음을 두면 마음 또한 불안정 되오니, 변
하지 않는 하나님의 사랑에 집중하여 흔들리지
않는 자로 살게 하소서. 그 변함없으신 하나님
의 사랑을 찬양합니다. 결혼도 않으시고 홀로
지내신 예수님의 이름으로 기도드립니다, 아
멘.

9 하나님이 우리를 지켜주심을 알게 하소서

기도는 하늘에 계신 아버지의 품 안에서 영혼이 호흡하는 것이다. -토마스 왓슨-

우리가 보지 못한 것을 믿게 하는 것이 믿음의 임무라면, 우리가 믿는 것을 보게 하는 것은 믿음의 상급이다. -토마스 아담스-

내가 산을 향하여 눈을 들리라 나의 도움이 어디서 올까 나의 도움은 천지를 지으신 여호와에게서로다 (시121:1,2)

우리가 알거니와 하나님을 사랑하는 자 곧 그의 뜻대로 부르심을 입은 자들에게는 모든 것이 합력하여 선을 이루느니라 (로마서 8:28)
And we know that in all things God works for the good of those who love him, who have been called according to his purpose. (Romans 8:28)

좋으신 하나님, 우리는 매일 스트레스를 받으며 살아갑니다. 학교에서 또는 친구 관계에서 혹은 집에서 얼마나 많은 일들을 겪을까요. 친구들에게 무시를 당하기도 하고 따돌림을 당했을 수도 있습니다. 과도하고 어려운 학원 숙제로 스트레스가 많았을지도 모르겠습니다. 혼자만 뒤처져 간다는 생각이 들기도 합니다. 강한 자에겐 아부하고 약한 자에겐 함부로 대하는 친구를 볼 땐 분통이 터집니다. 정말 이 세상엔 쉬운 일이 하나도 없는 것 같습니다. 하지만 남들이 어떻게 대하든 하나님 앞에 정직하고 성실하게 자기가 맡은 일을 감당한다면 언젠가는 인정을 받을 날이 오지 않을까 생각됩니다. 힘겹다고 해서 그 순간의 감정으로 극단적인 판단은 하지 말게 하소서. 아무리 괴로워도 믿음으로 살면 그리스도 안에서 반드시 승리할 줄 믿습니다. 오늘 하루 실수만 했더라도 포기하지 않고 내일을 준비할 수 있는 담대한 믿음을 우리 자녀들에게 허락하여 주소서.

하나님, 저의 아들이 25개월 되었을 때 성경책을 만지며 '하나님이 지켜주신다. 와, 만세!'라고 외쳤던 게 기억납니다. 하나님은 우리들의 힘든 마음을 다 알고 계십니다. 그리고 가장 적절한 시기에 우리를 도와주실 줄 믿습니다. 하나님이 우리를 지켜주신다는 말을 늘 가슴에 새기고 살아가는 믿음의 자녀들이 되게 하소서. 우리를 도와주시는 예수님의 이름으로 기도드립니다.

아멘.

10 아무 염려 말고 자녀들의 시선이 하나님을 향하게 하소서

걱정을 잠자리로 가지고 가는 것은 등에 짐을 지고 자는 것이다. −토마스 하리발톤−

걱정 없는 인생을 바라지 말고, 걱정에 물들지 않는 연습을 하라. −알랭−

그러므로 내일 일을 위하여 염려하지 말라 내일 일은 내일이 염려할 것이요 한 날의 괴로움은 그 날로 족하니라 (마태복음 6:34)

너희 염려를 다 주께 맡기라 이는 그가 너희를 돌보심이라 (베드로전서 5:7)
Cast all your anxiety on him because he cares for you. (1 Peter 5:7)

도우시는 하나님, 우리 자녀들의 마음은 염려

와 걱정과 절망으로 가득 차 있습니다. 우리의 믿음 없음을 용서하여 주소서. 하나님께서는 어떤 일 앞에서도 염려하지 말라고 하셨습니다. 모든 것이 하나님의 손에 달려있기 때문입니다. 하나님을 두려워하는 그리스도인은 사람도 세상도 그 무엇도 두려워하지 않음을 고백합니다. 하오니 오직 하나님만을 경외하게 하소서. 죽음이 우리를 두렵게 하고 있습니까? 죽음의 걱정에서 벗어날 사람은 없을 겁니다. 애써 잊으려 할 뿐입니다. 그러나 우리의 시선을 하나님께만 둘 수 있다면, 잠시 후에 만날 그리스도를 생각할 수 있다면, 죽음 앞에서도 찬송을 부를 수 있음을 고백합니다. 내일 일을 염려치 말게 하시고 우리를 도우시는 하나님의 손길을 바라보게 하소서. 하나님이 우리와 함께하시면 우리를 불행하게 만들 그 무엇도 없습니다. 우리의 미래를 책임져 주시는 하나님을 찬양하며 살게 하소서.

하나님, 간절한 마음으로 우리 자녀들을 위해 기도하였습니다. 부모의 뜻대로 이루어진다고 해서 다 좋은 것이 아님을 고백합니다. 모든 것이 하나님의 뜻대로 이루어지게 하소서. 다만 우리의 자녀들이 하나님을 깊이 아는 자가 되게 하시고, 하나님을 사랑하며 하나님께만 충성하는 자녀들이 되게 하소서. 오직 하나님만을 섬기는 자녀가 되게 하소서. 세상은 돈과 권력과 명예와 힘으로 나가지만, 우리 자녀들은 오직 예수 그리스도의 이름으로 담대히 나가게 하소서. 하나님 아버지께 모든 것을 맡기신 예수님의 이름으로 기도드립니다,
아멘.